歴史文化ライブラリー
466

陸軍中野学校と沖縄戦

知られざる少年兵「護郷隊」

川満　彰

吉川弘文館

目　次

離島残置諜者

沖縄戦に動員された少年たち——プロローグ

読者のみなさんは、沖縄戦で諜報員養成学校として知られる陸軍中野学校出身者らが潜伏していたことをご存じだろうか。その数四二名である。

1 沖縄戦に動員された少年たち

護郷隊とゲリラ戦

彼らは、沖縄本島北部で遊撃戦を行うため、師範学校・中学校の生徒で構成された鉄血勤皇隊より半年も早く少年らを召集し、ゲリラ戦を行っていた。その名を護郷隊《ごきょうたい》という。

護郷隊となった少年らは、軍国主義社会で育まれていたこともあり、入隊は「憧れ」であり「誉れ」だった。しかし、入隊後の軍隊式教育・訓練は、彼らの純粋な「故郷を護る」という気概を変貌させ、なりふりかまわない「故郷を破壊する」兵士へと仕立て上げた。

元隊員の玉那覇盛一（東村、一六歳）は、同郷の友人が傍らで死んでいくさまを、何も感じない「妄動」だったと語る。

詳細は本文を読んでいただければよいが、大本営が沖縄に配属されていた第三二軍に下した命令は、捨て石となって持久戦を行うことだった。だが大本営は、第三二軍の壊滅を前提とした次の戦略として、米軍占領下となる沖縄に陸軍中野学校出身者を潜伏させ、米軍を後方からかく乱・攻撃する戦略だったのである。

また、陸軍中野学校出身者の一部は第三二軍の命令により、教員になりすまし九つの島々へ潜伏した。米軍が上陸した際に、島の住民を利用したゲリラ戦を計画していたのである。

ただ、それだけでない。

大本営は、大本営陸軍部直轄特殊勤務部隊を沖縄本島・宮古島・石垣島・西表《いりおもて》島へ潜伏させていた。彼らの役割は沖縄の次に地上戦となるであろう本土決戦に向け、第三二軍の戦況を一日に四回、大本営に送信すること。護郷隊と同じく第三二軍壊滅後も可能な限り潜伏し、米軍の動きを諜報、大本営へ直接送信することだった。彼らは最低三年間は潜伏する想定だったという。

これまで沖縄戦史研究者である安仁屋政昭氏、石原昌家氏、福地曠昭氏などの先行研究で陸軍中野学校出身者らが沖縄戦に関与していたことは判明していた。だが、総体的に大本営陸軍部（のち参謀本部）直轄の陸軍中野学校が、組織的にどのように関与していたのかはグレーゾーンのままだった。

筆者は護郷隊を調査しているさなか、元隊員らから「なぜ、私たちのような少年が兵隊にならないといけなかったのか、教えて欲しい」と問われたことが度々あった。また「同じ少年たちで鉄血勤皇隊は世に知られているのに、なぜ護郷隊は沖縄の人たちも知らない人が多いのか」と尋ねられたこともあった。答えることができなかった。調査を続ける以外、その答えを導きだせるはずもなかった。

陸軍中野学校の存在

およそ一〇年間の聞き取り・資料調査を行うなかで陸軍中野学校の存在が徐々に明るみになってきた。そしてその背景にある大本営（日本政府）の国体（皇国）主義、国体護持によって、国として守るべき少年たちが次々と戦場に立たされていく構造が見えてきた。

沖縄では、地上戦が始まる前に住民が根こそぎ動員されたことはすでに承知のとおりである。地上戦は、本土でも想定された戦争であった。その本土決戦に向け、本土各地に陸軍中野学校出身者らを配置していたのである。彼らは各地で遊撃戦、いわゆるゲリラ戦の準備を進めていた。日本政府によるポツダム宣言受諾とともに本土決戦は幻に終わったが、そのゲリラ戦準備の痕跡は残存する。

一九四五年（昭和二十）六月二十二日、日本政府は「義勇兵役法」を発布。翌二十三日、官報で国民に通達した。沖縄では第三二軍司令官牛島《うしじま》満《みつる》中将・長《ちょう》勇《いさむ》参謀長らが自決、戦略的な戦いを終えたとされた日であり、まるで次なる本土決戦ですべての国民を兵士に仕立て上げ戦うとでもいうようなタイミングであった。

「義勇兵」とは、自ら進んで正義のために戦う兵士のことをいう。本来であれば国（政府）が法律でしばり召集する兵士ではなく、自発性（志願）に基づいた兵士のことであるが、日本政府は「義勇」という名で国民を募る一方、取りこぼしがないよう懲役を含めた法律で強制的に召集できるよう基盤を整えたのである。すでに全国の国民学校では、朝礼等で子どもたちを奮い立たせるかのように「小国民興（起）きよ」と、万歳三唱のように両手を上げ大きな声で唱えていた時期であった。その気概は国民義勇戦闘隊へと集約されていく。

沖縄戦七〇年を迎えた二〇一五年（平成二十七）の夏、ＮＨＫスペシャル『あの日、僕らは戦場で～少年兵の告白～』という護郷隊を主人公とした番組が放映された。筆者はその番組を制作するにあたってアナウンサー西東大氏（現NHK熊本）、ディレクター小木寛氏（現NHK福岡）、今理織氏（現NHK本部）、渡辺摩央氏（現アジア総局）と、およそ四年間お付き合いをさせて頂いた。彼らの「護郷隊を全国に知らせたい」という思いと、元隊員らの「護郷隊の存在を世に知らせて欲しい」という願いをつなげる良いチャンスだと考えたからである。そのNHKの調査で、米国立公文書館に「GOKYO TAI」と題された文書が保管され、米軍はすでに護郷隊の存在を知っていたことが判明した。

本土決戦で少年らを召集し兵士と仕立て上げた日本軍と、あらかじめ少年兵の存在を知っていた米軍が対峙したらどうなるのか。米軍は少年らの誰が護郷隊か見分けがつかず、無差別に殺戮を行っていたと誰しも予想できる。

では、実際に沖縄戦の真っただ中にいた陸軍中野学校出身者は、地上戦をどのように見ていたのだろうか。

護郷隊を調査するなかで護郷隊の上官であった陸軍中野学校出身者のご家族、自著書などにあたることができ、実際に沖縄戦時に潜伏していた数名の陸軍中野学校出身者からお話を聞くことができた。

沖縄に配置された陸軍中野学校出身者らには、沖縄戦に加担したくない兵士と積極的に関わろうとした兵士がいた。また、積極的に関わった兵士のなかで、最前線で戦闘に加わった兵士もいれば、米軍と対峙することなく、守るべき住民を威圧と恐怖で巻き込んだ兵士もいた。

彼らは戦後、良心の呵責に襲われた元兵士もいれば、犯罪ともいえる行為の責任すべてを戦争のせいにする元兵士もいる。

陸軍中野学校出身者は、どのような沖縄戦を体験したのか。また、彼らとともにいた少年兵や住民はどのような戦争に巻き込まれてしまったのか。みなさんの目で確かめていただければ幸いである。

本書の中の元護郷隊員および関係者らの証言や回想の多くは筆者の聞きとりである。その他の証言についてはできる限り引用文献を示した。

沖縄に配置された陸軍中野学校出身者

陸軍中野学校

陸軍中野学校とは

一九四四年（昭和十九）九月九日、東京都中野区にあった陸軍中野学校では学生二八名の卒業式が開かれていた。のちに第一護郷隊大隊長となる村上治夫は、この卒業式を終えたと同時に沖縄配置を命じられたという。

陸軍中野学校とは、大本営陸軍部（のち参謀本部）直轄で特殊任務を実戦するための要員養成機関のことである。特殊任務とは秘密戦、防諜・諜報・策略・宣伝等を主な任務とし、敵国の中に潜伏。情報を大本営に知らせ、内部からかく乱・崩壊させることを目的とする。

陸軍省は一九三七年頃から、相手国からの秘密戦に対する対処策を検討していた。その方策として、自ら進んで積極的に秘密戦を行うことを打ち出し、特殊任務養成機関を設置したのである。

一九三八年一月、靖国神社参道沿いにある九段会館・愛国婦人会本部別館に「陸軍省分室」という看板を掲げた後方勤務要員養成所が設置され、同年七月、一期生一九名（卒業時一八名）が入校した。教育科目は国体学・思想学・兵器学・気象学・薬物学等の一般教養学から始まり英語・ロシア語・中国語等の語学、諜報・謀略等の専門学科、秘密通信・変装術等の実科など、あらゆる秘密戦に対応できる教育訓練内容であった。

翌年（一九三九）四月、要員養成所は東京都中野区へ移転した。だが、校門にはあいかわらず「陸軍通信研究所」という小さな表札が掲げられ、学生らは通学の往路は、行き帰りは違う道を使用したほか、家庭内でも教育・訓練内容については話すことが禁じられていたという。同年八月に卒業した一期卒業生は、参謀本部・陸軍省をはじめ支那派遣軍、関東軍、諸外国へと配置された。

一九四〇年八月、陸軍中野学校令が制定された。教育訓練内容は戦局にともない、多岐にわたるようになり、創立時の入校対象者は幹部候補生出身の将校とされていたが、この時期になると陸軍士官学校出身将校、下士官候補者等へと拡がった。その後、アジア太平洋戦争が勃発すると教育訓練内容は諜報員養成から遊撃戦闘員養成へと重点が置かれ、彼らは主に中国各地・南方・南洋諸地域へと配置された。

遊撃戦とは

中野校友会が刊行した『陸軍中野学校』(中野交友会編)には、遊撃戦について次のように記されている。

あらかじめ攻撃すべき敵を定めないで、正規軍隊の戦列外にあって、臨機に敵を討ち、あるいは敵の軍事施設を破壊し、もって友軍の作戦を有利に導くことである。したがって遊撃戦とは、遊撃に任ずる部隊の行う戦いであって、いわゆる「ゲリラ戦」のことである。

遊撃戦は、一見武力戦の分野に属するかのように見えるが、その内容は、一時的には武力戦を展開するが、長期的にはその準備および実施の方法手段を通じて主として秘密戦活動を展開するのである。したがって遊撃戦の本質は、秘密戦的性格が主であって、武力戦的性格が従である。

遊撃部隊は、わが武力作戦の一翼を担い、少数兵力をもって、神出鬼没、秘密戦活動と武力戦活動とを最大限に展開して、もってわが武力作戦を有利に導くものである。したがって遊撃部隊は、わが総合的対敵戦力の増強に寄与するものである。

沖縄本島北部戦線で少年兵を活用した遊撃戦はこの戦略で米軍と対峙した。

学生の種類別と教育

中野学校に入学した学生は、入学前の軍隊経験、陸軍士官学校・予備士官学校卒業の有無などによって、甲種、乙種、丙種、丁種、戊種という種別に分けられた。また、一期、二期と訓練期間を示す数字を、たとえば一乙、二乙と種別の頭に置くことで、どのような訓練をいつ受けていたのかがわかるようになっていた（乙Ⅱ長、乙Ⅱ短という種別もある。これは丙種の前身で本書には登場しない）。中野学校出身者らは、その戦略目的と種別に照らし合わされ、各戦線に配置されたのである。

沖縄戦で主軸となったのは三乙の卒業生、村上治夫、岩波寿、北一郎、広瀬日出生らである。彼らの教育は国体学から統計・謀略・偽騙《ぎへん》・破壊・通信・宣伝・占領地行政・民族学・防諜・戦術など多岐にわたり、語学では英語・ロシア語・中国語が課せられていたという。村上治夫は「学科は大楠公を手本とし、軍人精神を基本に中野学校の精神を作り上げた。国体学は陸軍士官学校第四三期の吉原正巳が担当した。日露戦争で帝政ロシアの民衆を扇動し、背後から倒し、秘密戦で勝利に導いた明石大将の功績や、国家総力戦としての秘密戦論や、民族学、宗教学等で、戦術、語学は、卒業後の予測された任地に応じ、南方班（英語）、支那班（支那語）、北方班（ロシア語）と文官の教官が担当した」「諜報・宣伝・謀略・占領地行政等」は、「現役歴戦の教官が担当した」。また、術科では「爆破偽偏《ママ》、表現法（カメラ）、獲得法（スリ、置き引き）、変装、開錠術、通信（暗号）等。遊撃戦、武道（両手軍刀・空手）、射撃。その他にも犯罪捜査から法医学、航空学校に派遣されて離着陸程度の飛行機操縦を習得するということ」と述べている（村上治夫『武家の商法』私家版）。

沖縄で遊撃戦を展開した中野出身者を見てみると、三乙（期間＝一九四四年一月～九月）、六丙（一九四四年一月～九月）、六戊（一九四四年四月～十一月）である。そして戦況が悪化するにつれ、静岡県二俣町に遊撃戦教育訓練を主とする陸軍中野学校二俣分校が開設された。その一期生俣一（一九四四年九月～十一月）が沖縄戦に加わった。

彼らの教育訓練期間は全員、沖縄戦が近づいた一九四四年に入ってからである。また、村上は「（中隊長は）予備士官学校を卒業後、すぐに中野学校へ入学したため、隊付将校として肝心な実務は何一つ経験しないまま、中隊長となってしまった」と述べており（『金武町史　第二巻　戦争・証言編』）、沖縄にやってきた中野学校出身者の多くは戦場を体験していないことが判明している。

大本営・参謀本部の慌てた形で、中野出身者らは沖縄に配置されたのである。

陸軍中野学校二俣分校

静岡県二俣町に開校した二俣分校は遊撃戦闘員を養成する機関であった。一九四四年（昭和十九）九月一日の開校式に参加した第一期生二二八名は、八月までに陸軍予備士官学校を卒業した尉官学生らである。教育期間は短く九月一日から十一月末日の三か月間。遊撃戦に必要な謀略侯察、潜行、偽騙、破壊、宣伝、防諜、兵器学、交通学、兵要地誌、占領行政を主に、本校と同様に国体学、民族学、統計学なども学んだという。

十一月末に卒業した一期生は、フィリピン、インドネシア、インド（仏領）、台湾、沖縄などに派遣され、半数以上の一期生は朝鮮軍司令部や、本土決戦に向けて国内各地に配置された。

一九七二年十月、二俣出身の小野田寛郎《おのだひろお》（俣一）がフィリピン・ルバング島のジャングルで生存していることが判明。一九七四年の三月、同僚らを中心とした捜索で小野田は三〇年ぶりにジャングルの中から帰還した。このニュースは、小野田の強靭な精神力・体力と同時に、陸軍中野学校教育の恐ろしさを日本社会が垣間見た瞬間でもあった。

小野田は、二俣分校で行った教育を、それ以前に入学していた士官学校と比べ「私が久留米の士官学校で習ったのは、死を覚悟した突撃隊の指揮であった。ただひたすらに敵陣に突っこみ、一人でも多く敵兵を屠ることであった。ところが、二俣では、どんな生き恥をさらしてもいいから、できる限り生きのびて、ゲリラ戦をつづけろという。そのためには自由奔放、融通無碍、何をしてもかまわぬというのだ」と回想し（俣一戦史刊行委員会編『俣一戦史』）、教育訓練の基軸は常に精神論だったという。

小野田寛郎と戦地は違うが、一緒にフィリピンへ渡った二俣一期生の沖縄県出身者がいた。宮城茂正（恩納《おんな》村、一九二〇年生まれ）である。

『恩納村民の戦時物語』（恩納村遺族会）によると、宮城茂正は嘉手納《かでな》にあった農林学校を卒業し、沖縄師範学校二部へ入学。のちに小学校教員となったが、徴兵検査を受け現役兵として中国戦線へ向かった。その中国戦線勤務中に陸軍中野学校学生募集に応募し合格。一九四三年三月、陸軍中野学校へ入校した。その後中野学校を卒業した宮城は、再び二俣分校へ入校し、卒業と同時にフィリピンへと向かったと記されている。宮城の略歴は一部調査が必要だが、宮城茂正の名前は『陸軍中野学校』（中野校友会）にも記されており、宮城は「（昭和）十九年十二月、十四ＨＡ防諜班付」となり、「（昭和）二十年一月、振武集団へ配属」され、「（昭和）二十年五月三十日、バタンガス州サリアヤにて戦死」したという。

宮城の遺族へ聞き取り調査を行った當眞嗣長《とうましちょう》（思納村史戦争編専門委員）によると、小野田寛郎は帰国後しばらくして宮城茂正の位牌に手を合わせに来ていたという。

中野学校の疎開

一九四五年（昭和二十）四月、沖縄本島に米軍が上陸したころ、本校は群馬県富岡町へ移転した。沖縄が壊滅する前に本土決戦で米軍を迎え撃つ態勢づくりとして陸軍中野学校を疎開させたのである。

大本営は自らの疎開先を長野県松代《まつしろ》と決め、巨大な地下壕を建設中だった。富岡町への疎開は松代大本営と連絡の便、利便性を考慮して選定されたという。終戦後、米軍への秘匿保持のため、この富岡町に疎開した中野学校で多くの記録や資料は焼却された。

アジア太平洋戦争と遊撃隊

コタバル上陸・真珠湾攻撃の背景

一九四一年（昭和十六）のアジア太平洋戦争勃発の二か月前（十月）、これまで陸軍省直轄だった陸軍中野学校は参謀本部直轄となった。傍聴・宣伝・諜報などの活動に加え、正規軍を背後から支援するなど、参謀本部の新たな持ち駒として直接赴任地へ配置するためであろう。

時を同じく、参謀本部はマレー半島工作を図るため、中野出身者を中心とした藤原機関を設置し、随時十月中旬までにタイ国のバンコックに潜入させていた。彼らのねらいはアジア太平洋戦争の端緒となるマレー半島のコタバルへの奇襲上陸と同時に、米印軍の内部崩壊をねらったものであった。

当時、インド地域は宗主国英国に対し不満と憤りを持っていた。藤原機関はインド人将兵らに対してインド独立運動を持ちかけ、そのための日本軍への協力を働きかけていたのである。

同年十二月八日、日本軍第二五軍はマレー半島・コタバルの油田を奪うためコタバル上陸を開始した。そして同日、ハワイ諸島オアフ島にあった米軍基地を奇襲攻撃した。いわゆる「真珠湾攻撃」、アジア太平洋戦争の始まりである。

十二月九日、藤原機関が動きだす。日本軍第五師団がコタバル方面に上陸し進撃を続けるさなか、彼らはインド独立連盟ＩＩＬと綿密に連絡を取り合っていた。藤原機関がインド独立連盟を支援するねらいは、独立連盟の実権を握り、独立後も日本政府の支配下に置くことだった。実際に日本軍司令官の承認によって新たな独立組織軍、インド国民軍（ＩＮＡ）が結成される。その後、インド国民軍の戦争はアジア・南アジア地域に大きな影響を与えていくが、アジア太平洋戦争での日本軍の敗退は多くの書籍に記されたとおりである。

遊撃戦立案の背景

一九四二年（昭和十七）六月、ミッドウェー海戦で勝利を収めた米軍は、八月にソロモン諸島ガダルカナル島に上陸、この時点で日本軍は完全に守勢に立たされることになった。

大本営は、ガダルカナル戦に敗北（一九四三年二月）したことで、米軍占領地の奪回を計画。参謀本部はその奪回作戦に向け、外地を想定した「遊撃隊戦闘教令」の起案と遊撃隊幹部要員の教育を中野学校に命じた。一九四三年九月に、後者の遊撃隊幹部要員教育は始まり、一九四五年三月まで続いた。また、前者の「教令（案）」は翌一九四四年一月に発効された。

のちに護郷隊を編成する村上治夫をはじめとした三乙教育期間出身者らは、この「教令（案）」が発効された同月に中野学校に入学。その後開校した二俣分校一期生もこの「教令（案）」に沿って教育訓練が行われた。

その後、本土決戦を想定した参謀本部は「国内遊撃戦の参考」の起案を中野学校に命じ、一九四五年一月十五日に全国各地に配付した。村上治夫らが沖縄へ全員着任し、教育訓練・陣地構築を行っている最中である。したがって、「国内遊撃戦の参考」は本土決戦に向けて起案されたものであり、捨て石と位置づけられた沖縄戦を意識したものではないと考えられる。

第一遊撃隊

南洋諸島での不利な戦況を何とかくい止めようと考えた参謀本部は、初の遊撃戦部隊・第一遊撃隊を編成、ニューギニア島へ派遣した。その基幹要員の多くは、一九四三年（昭和十八）九月から十一月に訓練を終えた者、および一九四四年一月から三月に中野学校で、前述した「遊撃隊戦闘教令」の訓練教育を終えた将校・下士官らであった。

基幹要員となった彼らは第一遊撃隊を構成する一〇個中隊（一個中隊二〇〇余名）にそれぞれ配属された。第一遊撃隊は、一般部隊の中隊と比べ将校・下士官の数も多く、装備も揃い、質量ともに最もすぐれた部隊だったという。

日本本土や台湾で編成された第一遊撃隊（隊長内田実大佐）は、一九四四年初旬、中部ニューギニアへと向かった。だが、輸送船の問題や、すでに目的地には米軍が上陸していたこともあり、全中隊が同じ場所へ到着することはできなかった。三月から四月にかけ、第一遊撃隊本部と第五中隊が第二軍司令部の駐屯していた西部ニューギニア・マノクワリに到着。他の中隊はフィリピン、モロタイ島、セラム島、西部ニューギニア・ソロンなどにいた日本軍に配属された。第一遊撃隊は、組織として体を成すことさえできなかったのである。

遊撃隊組織づくりの要は住民を戦闘員に仕立て上げ、戦力と化すことである。しかし、『陸軍中野学校』には「住民宣撫、地域調査、現地自活準備に努めたが、弓矢を持ち、裸で暮らす原始的住民に対する工作は困難をきわめ、また密林内の自活対策も、大部隊収容のために耕地の適地が少なく、容易に進捗できない状況であった」「昭和十九年末、わが軍に友好的であった山地原住民は、戦局ますます日本に不利となった状況を看て取り、米軍の工作に乗ぜられてその一部が反乱を企て、わが各工作班を襲撃するようになった。そこで第五中隊は、討伐作戦を担任し、密林内の遊撃活動を行なったが、山地族を相手としての行動であり、作戦はきわめて困難であった」と記されている。

第一遊撃隊は、米軍との戦闘だけでなく地元の住民に対して遊撃戦を行っていたのである。第五中隊の兵士の多くは、補給が途絶えたことで食糧が欠乏、野草を食べながら空襲弾雨のなかをさまよい、栄養失調、マラリア、餓死などで亡くなった。ニューギニア諸島に配置された約二千余名の遊撃隊。なかでも第五中隊員は約二百余名中、生存者はわずか五十余名だったという。

西部ニューギニアの西端ソロンに到着した第七・第九・第一〇の各中隊のうち、第七中隊は第二軍に、第九・第一〇中隊は第三五師団に配属された。その中で、第七中隊は第五中隊と同様に現地住民の反乱による戦闘に追われ、一九二名中七十余名が亡くなった。また、第九中隊は六八名、第一〇中隊は五一名が戦死している。この戦死者のなかにも多くの餓死者・傷病者がいると考えられる。第一九軍の配下となりセラム島に配置された第六・第八中隊は、米軍が上陸しなかったことで多くの兵が生還したという。

第二遊撃隊

第一遊撃隊に合流できなかった第二・第三・第四中隊は一九四四年（昭和十九）七月、第二中隊（隊長川島威伸少佐）を基幹に、新たに第二遊撃隊を編成した。その兵士は総人数四八四名中三七一名（七七％）が台湾の高砂族《たかさご》（日本統治時代の名称）だった。

第二方面軍第三二師団の指揮下に入った第二遊撃隊は、西部ニューギニアの北端、フィリピン諸島に近いモロタイ島に配置された。第三二師団は、モロタイ島で飛行場建設に着手していたが、あまりにも地質が悪く飛行場建設を断念、隣の島ハルマヘラ島へ撤収するとともに、モロタイ島を遊撃地帯と位置付け、第二遊撃隊を配置したのである。一方、米軍は第三二師団が断念した建設中の飛行場を奪い自らの基地建設を進めるため、モロタイ島を静かに狙っていた。

一九四四年九月十五日、米軍はモロタイ島へ上陸。ハルマヘラ島にいた第三二師団はモロタイ島へ逆上陸するとともに、戦地に潜んでいた第二遊撃隊と一緒にゲリラ戦を展開した。だが、圧倒的な米軍の武器と兵力にはかなうはずもなく、十月上旬には戦闘はしばらく落ち着くようになる。モロタイ島で完成した米軍飛行場はその後のフィリピン戦で重要拠点となる。

十月二十日、レイテ島への米軍上陸が始まると、第二遊撃隊の戦闘はレイテ決戦の後方かく乱戦と位置づけられ、再び遊撃戦が激しさを増した。第二遊撃隊の戦闘は米軍を悩ませ、第三二師団長らは第二遊撃隊を称賛・激励するため、戦地に賞詞などを送ったという。

第二遊撃隊の食糧供給は、当時海外に出兵した日本軍がどこでもそうであるように、現地での供出と自給自足である。先に述べた第一遊撃隊と同じように、モロタイ島に潜伏していた第二遊撃隊も食糧確保に困難を極めていた。翌一九四五年一月以降、彼らの戦闘はまともに米軍と対峙することもなく、飢餓と病気との戦いとなり、いかに餓死者をくい止めるかが最大の目標だったという。モロタイ島の戦闘では、第二遊撃隊を含めた日本兵総勢二五〇〇名弱のうち一七〇〇名余が亡くなった。

第二遊撃隊の戦闘は一九四五年八月二十三日まで続き、米軍協力のもと捜索隊が派遣され、八月三十日にはじめて終戦を知ったという。

小野田寛郎が帰還した一九七四年の末、第二遊撃隊に配属されていた台湾出身の日本名中村輝夫（本名、李光輝）がモロタイ島の山中でインドネシア政府に保護された。中村は戦闘中に部隊とはぐれ、そのままジャングルに潜伏するようになったという。祖国から遠く離れたモロタイ島のジャングルの中で、長い年月、彼は家族や故郷を思いだし、このような状況に陥った第二遊撃隊の戦争をどのように振り返っていたのだろうか。李光輝は故郷の台湾へ帰国した。

陸軍中野学校出身者の任務と配置

沖縄へ着任

一九四四年（昭和十九）九月九日、陸軍中野学校卒業と同時に第三二軍司令部付きを命じられた村上治夫と岩波寿らは、四日後の九月十三日、空路沖縄へ着任した。村上は沖縄に派遣された理由を「中野学校で私の教官だった谷口教官が少尉任官時の大隊長であり、薬丸兼教《やくまるかねのり》情報参謀は、私が陸士時代の中隊長だったのでおそらく谷口教官が私のことを推薦したと思う」と推測する（『金武町史　第二巻　戦争・証言編』）。また、村上は参謀本部にて「第三二軍の作戦は本土決戦のための時間稼ぎで、玉砕を前提としたものだと聞かされていた」と振り返った。

小禄《おろく》飛行場（現那覇飛行場）で沖縄の土を初めて踏んだ村上は、その足で第三二軍司令部まで向かい第三二軍司令官牛島満《うしじまみつる》中将と長勇参謀長に着任のあいさつを行った。村上は「着任のあいさつを終えた後、長勇参謀長から『沖縄が玉砕した後も生き残り、遊撃戦を続けろ』と言われた」と述べている（同前書）。

一方、村上はその命令に対し「中野学校で教わったのは大陸における遊撃戦であり、こんな小さな島では通用しません。無理です」と答えたところ、「『できないなら考えろ！そのかわり貴様の思うとおりにやれ！』と一喝された」と振り返った（同前書）。

この時期（九月）、陸軍中野学校は本土決戦を意識した「国内遊撃戦の参考」の必要性を参謀本部へ起草した頃である。したがって村上は、外地を想定した「遊撃隊戦闘教令（案）」しか学んでおらず、彼の「小さな島では通用しない」という言葉は本音であろう。村上は、薬丸情報参謀から大まかな指導は受けたものの、「後は貴様にまかせる」と一任されたとも述べていることから、当初から無理だと考えられていた沖縄での遊撃戦計画は、村上自身で考案したものであろう。

第三二軍と村上治夫のやりとりを見ていると、ニューギニアに派遣された第一・第二遊撃隊と同様に、参謀本部の「中野出身者を配置すれば何とかなる」というような、あまりにも安易で無策な計画だったと推測できる。

勅　令

村上治夫が中野学校を卒業するおよそ十日前、大本営では「遊撃隊臨時編成要領」が発令。第三・第四遊撃隊編成は、次の通り天皇の勅令で始まっていた（防衛省『軍令綴　第一巻　目次番号（一〜十七）昭和十九・五・二六〜十九・九・二二』（陸軍省）より。読みやすくするため、旧字体を新字体に、カタカナをひらがなに置きかえた）。

朕遊撃隊臨時編成要領を制定し之か施行を命す

御　名　御　璽

昭和十九年八月二十九日

陸軍大臣　杉　山　元

軍命陸甲第百十七号

遊撃隊臨時編成要領

第一条　本要領は遊撃隊臨時編成に関する事項を定む

本要領中特に規定せさる事項に関しては陸軍動員計画書令其の他関係諸条規を準用するものとす

第二条　本要領により編成する部隊編成管理官左の如し

部隊	編成管理官
第三遊撃隊	第三十二軍司令官
第四遊撃隊	

第三条　前条部隊の編制は隊長佐（尉）官以下四百名より成り之を本部一箇及中隊若干に区分するものとし其の細部は編成管理官之を定むるものとす
第四条　第二条部隊編成に方りては編成定員の大部を欠《か》くも編成完結と看做《みな》すことを得

附則

一　本要領に拠《より》編成する部隊は臨時編成部隊とす

同日（八月二十九日）、陸軍大臣杉山《すぎやま》元《はじめ》は関係陸軍部隊宛に「陸亜機密第五二五号　遊撃隊臨時編成要領細則既定の件達」を下命した。

この「編成要領細則」は全一五条から成り立っており、召集対象者を「第三条　少壮（若くて意気盛んな）積極果敢なる者を選定し（略）努めて徴兵終結処分未了者を充用するものとす」と記している。この時期はすでに一九歳以上は召集対象者となっており、当初から若くて意気盛んで、しかも召集年齢に達していない召集検査未了者（徴兵終結処分未了者）の一八歳・一七歳、もしくは一七歳以下の少年たちを指していると考えられる。そして後追いするように一九四四年十一月一日、満一七歳以上の召集が施行された。

この「遊撃隊臨時編成要領細則既定の件達」は第三二軍だけではなく、台湾軍司令部にも通達されていた。台湾軍司令部の召集対象者は高砂族（日本統治時代の名称）の志願兵と記されている。

遊撃戦計画の始まり

第三二軍は、米軍は一部を除き北・中飛行場を奪うために沖縄本島中部西海岸から上陸、第三二軍司令部のある南へ進攻するとにらんでいた。その米軍の背後から襲うことを目的に、遊撃隊を沖縄本島北部に配置することを決定した。

すでに「遊撃隊臨時編成要領細則既定の件達」を受領（八月二十九日）していた第三二軍は九月六日、薬丸兼教情報参謀を沖縄本島北部の名護《なご》へ向かわせていた。村上治夫が中野学校を卒業する三日前のことである。「第三二軍陣中日誌（案）」には次のように記されている。

（一九四四年）「九月六日晴天、一、薬丸参謀陣地偵察ノ為名護町方面ニ出張ス」

おそらく薬丸は村上へ情報を提供するため事前に動き出していたのであろう。

九月九日、参謀総長梅津美治郎《うめづよしじろう》は第三二軍司令官牛島満中将に対し、遊撃隊編成を命じた。前述したが、その日は村上治夫らが卒業式終了と同時に沖縄行きを命じられた日でもある。

大陸命千百二十六号

命　　令

一、左ノ部隊ヲ第三十二軍戦闘序列ニ編成ス

第三遊撃隊　　第三十二軍管理

第四遊撃隊　　第三十二軍管理

（略）

五、細項ニ関シテハ参謀総長ニシテ指示セシム

昭和十九年九月九日

奉勅傳宜　参謀総長　　梅津美治郎

（略）

第三十二軍司令官　　牛島満　殿

九月十三日に沖縄に着任した村上治夫と岩波寿らは、遊撃隊編成決裁と現地視察報告のため九月二十五日、第三二軍司令部に出頭した。その際に薬丸兼教情報参謀より「朕ここに第三第四遊撃隊の編成を令す」という勅令が伝達されたという。

その時の心境を村上は「勅令を受けて恐懼《きょうく》（おそれかしこまる）感激新たな決意のもと任務完遂を誓った」と述べている。

二俣分校出身者の着任

第三二軍の配下となった村上治夫は、第三・第四遊撃隊編成に着手し始めた。その後も随時、中野出身者らは沖縄へ着任しており、のちに第一護郷隊（第三遊撃隊）の軍曹となる近藤重喜は「昭和十九年十一月十日　雁巣空港……那覇空港着　十一日未明　台風の中、第二護郷隊（第四遊撃隊）のトラックに便乗して名護小学校に到着」と述べている。そして遊撃戦闘員養成機関、陸軍中野学校二俣分校出身者六人が沖縄にやってきた。

（一九四四年）十二月二十七日

曇天

転入者　　一、左記者参謀部ニ転入ス

参謀本部付　見習士官　浦田國夫外五名

（「第三二軍陣中日誌（案）」より）

「浦田國夫外五名」とは、二俣分校を卒業した宮島敏朗、林三夫、高谷守典、鈴木清十郎、竹川実のことである。のちに与那国島の離島残置諜者となる宮島敏朗は到着後の様子を語っている。

十二月五日鹿児島港に集合したが船便がなく、十二月二十四日待ちに待った沖縄への船便が確保できた。十二月二七日無事沖縄本島に到着、那覇港より上陸した。那覇市は十・十空襲で灰燼に帰しており、まぎれもなく戦場に来たことを認識させられた。上陸後直ちに軍司令部に出頭し、牛島満司令官をはじめ長軍参謀長、八原軍高級参謀、情報主任薬丸参謀など関係者に着任の申請を行った。

（俣一戦史刊行委員会編『俣一戦史』より）

遊撃戦闘員として沖縄に着任した二九名はこの時点で全員揃った。

大本営陸軍部直轄特殊勤務部隊

一九四四年（昭和十九）六月、大本営が絶対国防圏の要と位置づけていたサイパン島が戦場となる一方、沖縄では第三二軍に日本軍が次々と編入されていく頃、参謀本部は無線班・大本営陸軍部直轄特殊勤務部隊を創設していた。参謀本部は、彼ら特務隊を遊撃戦闘員二九名とは別に随時沖縄へ送り込んだのである。

中野学校出身者で構成された特務隊の任務は、各離島に潜伏し、諜報・防諜・宣伝活動等を行い、常に第三二軍の戦況を大本営へ送信するとともに、状況によっては住民を遊撃戦闘員に仕立て上げ、米軍の後方かく乱を行うことである。さらに沖縄が米軍占領下となっても可能な限り潜伏。米軍の動きを諜報し、大本営に直接送信することであった。彼らは、最低三年間は潜伏する想定だったと述べており、その潜伏期間から考えると沖縄への特務隊配置は沖縄戦の戦況報告以上に、米軍の動きを諜報し沖縄壊滅後に行われるであろう本土決戦を、少しでも有利に戦うためだったと考えられる。

特務隊は四名一個班で編成され、第一次として南西諸島（二〇名）、硫黄島、小笠原諸島に配置された。第二次の本土周辺の各離島をあわせると、計一六個班が各離島へ配置されている。

宮古島へ配置された野村精一（大分県、二四歳）は「東京から宮崎までは船で、宮崎空港から飛行機で沖縄本島まで行った。那覇は空襲に遭い、漁港や波止場ではみな輸送船が沈んでいた。那覇には一日か二日滞在した。そして宮古島までは石垣島班の西岡さんたちも一緒で、二船の民間のかつお漁船で向かった。石垣島班は船を降りず、宮古島で別れた。

船では大阪から来た慰安婦と一緒だった」と述べ、到着したのは十一月末だったという。

南西諸島の一つ、徳之島に配置された第六特務班長徳富幸夫は「沖縄本島以南の各班、即ち北大尉、横田大尉、佐々木、西岡両少尉の四個班の物資を送り出し、奄美大島に赴任する石川少尉四名と、徳之島に行く私ほか三名の下士官とが中野学校を出たのは、昭和十九年十一月十七日であった」「鹿児島までは来たものの、それから先は敵潜水艦が出没して危険であるとして民船はなかなか出港しない。遂に十二月四日まで待機せざるを得なくなる」と述べ、目的地にたどり着いたのは十二月中旬だったという（『陸軍中野学校』）。

特務隊として各離島へ送り出された中野出身者らは、約ひと月後に目的地へ到着したのである。

陸軍中野学校出身者四二名

当初、参謀本部は沖縄へ遊撃戦闘員二九名、特務隊一三名の中野学校出身者を向かわせていた。詳細は後述するが、それを踏まえ第三二軍は配下となった二九名を最終的に司令部参謀部情報班、西表島遊撃隊、新たな任務となる離島残置諜者を九つの島々に配分・再配置させた。結果、沖縄本島北部に遊撃戦闘員として残ったのは村上治夫、岩波寿を含めた一三名であった。

最終的な陸軍中野学校出身者の配置は表1のとおり。

表1　陸軍中野学校出身者　沖縄配置一覧

No.	氏名（（ ）名は偽名）	任務および配属	配置場所	役職	階級	種別
1	村上治夫	第三遊撃隊（第一護郷隊）配属：独立混成第四四旅団	多野岳・名護	大隊長	中尉	三乙
2	首藤孝雄		多野岳・名護	情報係	軍曹	六戊
3	近藤重喜		多野岳・名護	通信兵器係	軍曹	六戊
4	油井栄麿		多野岳・名護	第一中隊長	少尉	六丙
5	菅江敬三		多野岳・名護	第二中隊長	少尉	六丙
6	木下忠正		三〇二高地	第三中隊長	少尉	六丙
7	竹中　素		久志岳	第四中隊長	少尉	六丙
8	岩波　寿	第四遊撃隊（第二護郷隊）配属：独立混成第四四旅団	恩納岳	大隊長	中尉	三乙
9	溝　茂彦		恩納岳	本部付	軍曹	六戊
10	楯岡敏光		恩納岳	本部付	軍曹	六戊
11	中島　寛		恩納岳	第一中隊長	少尉	六丙
12	松崎正行		恩納岳	第二中隊長	少尉	六丙
13	畑　友迪		恩納岳	第三中隊長	少尉	六丙
14	今村武秋	護郷隊（第四五旅団）	西表島	第四中隊長	少尉	六丙
15	増田保雄	護郷隊（第四五旅団）	西表島	第四中隊付	軍曹	六戊
16	宮島敏朗（柿沼秀男）	第三二軍参謀部情報班から離島残置諜者	与那国島		少尉	俣一

17	高谷守典（中島正夫）	第三二軍参謀部情報班から離島残置諜者		多良間島	少尉	俣一
18	竹川　実（上原敏雄）			久米島	少尉	俣一
19	鈴木清十郎（佐々木一夫）			粟国島	少尉	俣一
20	斉藤義夫（宮城太郎）			伊平屋島	少尉	六丙
21	馬場正治（西村良雄）	第一護郷隊から離島残置諜者		名護→伊是名島	軍曹	六戊
22	氏元一雄（深町尚親）			名護→久米島	軍曹	六戊
23	河島　登（山川敏雄）			名護→黒島	軍曹	六戊
24	仙頭八郎（山本政雄）	第二護郷隊から離島残置諜者		名護→与那国島	軍曹	六戊
25	酒井喜代輔（山下虎雄）			名護→西表島→波照間島	軍曹	六戊
26	北　一郎	大本営陸軍部直轄特殊勤務部隊（特務隊）	沖縄本島班　剣隊	一ツ岳	中尉	三乙
27	若島啓次			一ツ岳	軍曹	六戊
28	堀内杉政			一ツ岳	軍曹	六戊
29	横田　勲		西表島班	西表島	中尉	三丙
30	上村　司			西表島	軍曹	三戊
31	玉川作治郎			西表島	軍曹	六戊
32	五十嵐章英			西表島	軍曹	六戊
33	西岡栄一		石垣島班	石垣島	少尉	六丙
34	松下義明			石垣島	軍曹	六戊
35	鈴木民雄			石垣島	軍曹	六戊

36	佐々木勝弥	大本営陸軍部直轄特殊勤務部隊（特務隊） 宮古島班	宮古島	中尉	六丙
37	成田孝一	大本営陸軍部直轄特殊勤務部隊（特務隊） 宮古島班	宮古島	軍曹	六戊
38	野村精一	大本営陸軍部直轄特殊勤務部隊（特務隊） 宮古島班	宮古島	軍曹	六戊
39	広瀬日出生	薬丸兼教情報参謀補佐	首里	中尉	三乙
40	岡　幸夫	第二護郷隊から参謀部	名護→首里	軍曹	六戊
41	林　三夫	第三二軍司令部情報参謀部情報班	首里	少尉	俣一
42	浦田国夫	第三二軍司令部情報参謀部情報班	戦闘中に第一護郷隊へ	少尉	俣一

注1　大本営陸軍部直轄特殊勤務部隊の各班（西表島班除く）は陸軍中野学校出身三人と東部軍一人で編成されている。
2　21～24は、最初に沖縄島名護で教育訓練係として配置されていた。
3　第四遊撃隊第四中隊は、『陸軍中野学校』（六四二頁）では「第二八師団長の指揮下へ」となっているが、第二八師団は宮古島配備であるため、石垣島へ配備された第四五旅団と考えられる。
4　増田保雄は離島残置諜者ではなく実質的には護郷隊とともにいたと考えられる。

（出典）名護市教育委員会『語りつぐ戦争　第三集』をもとに作成。

奄美諸島に潜伏した中野学校出身者

奄美諸島は第三二軍の管轄域である。前述したように特務隊は奄美諸島にも潜伏していた。奄美諸島にいた中野学校出身者は次のとおり。

〈徳之島　四名〉

徳富幸夫（六丙）　福島幾夫（五戊）　江藤　隆（六戊）　沖本小市（六戊）

〈奄美大島　三名〉

石川直行（六丙）　上野　正（六戊）　井上要造（六戊）

第三二軍管轄域に配置された陸軍中野学校出身者は奄美諸島を含めると四九名となる。

少年兵「護郷隊」

やんばるの少年兵「護郷隊」

護郷隊の編成

一九四四年（昭和十九）九月六日、沖縄本島北部で遊撃戦を行うため、その下地づくりとして第三二軍の薬丸兼教《やくまるかねのり》情報参謀が名護《なご》町を訪問していたことはすでに述べた。沖縄本島北部とは恩納《おんな》村、金武《きん》村から最北の国頭《くにがみ》村までをさし、県民から「やんばる」と、親しみを込めて呼ばれる地域である。

村上治夫は薬丸参謀から「『思うとおりにやってみよ』と言われ、召集のために茶屋本大尉から召集方法の指導を受けた。岩波寿（第四遊撃隊長）と逐次、赴任してくる中野学校出身者を第三遊撃隊と第四遊撃隊とに分け、六内種学生（少尉）を中隊長に、六戊種学生（下士官）を小隊長や指揮班長要員として」配置したと述べている（『武家の商法』）。ま

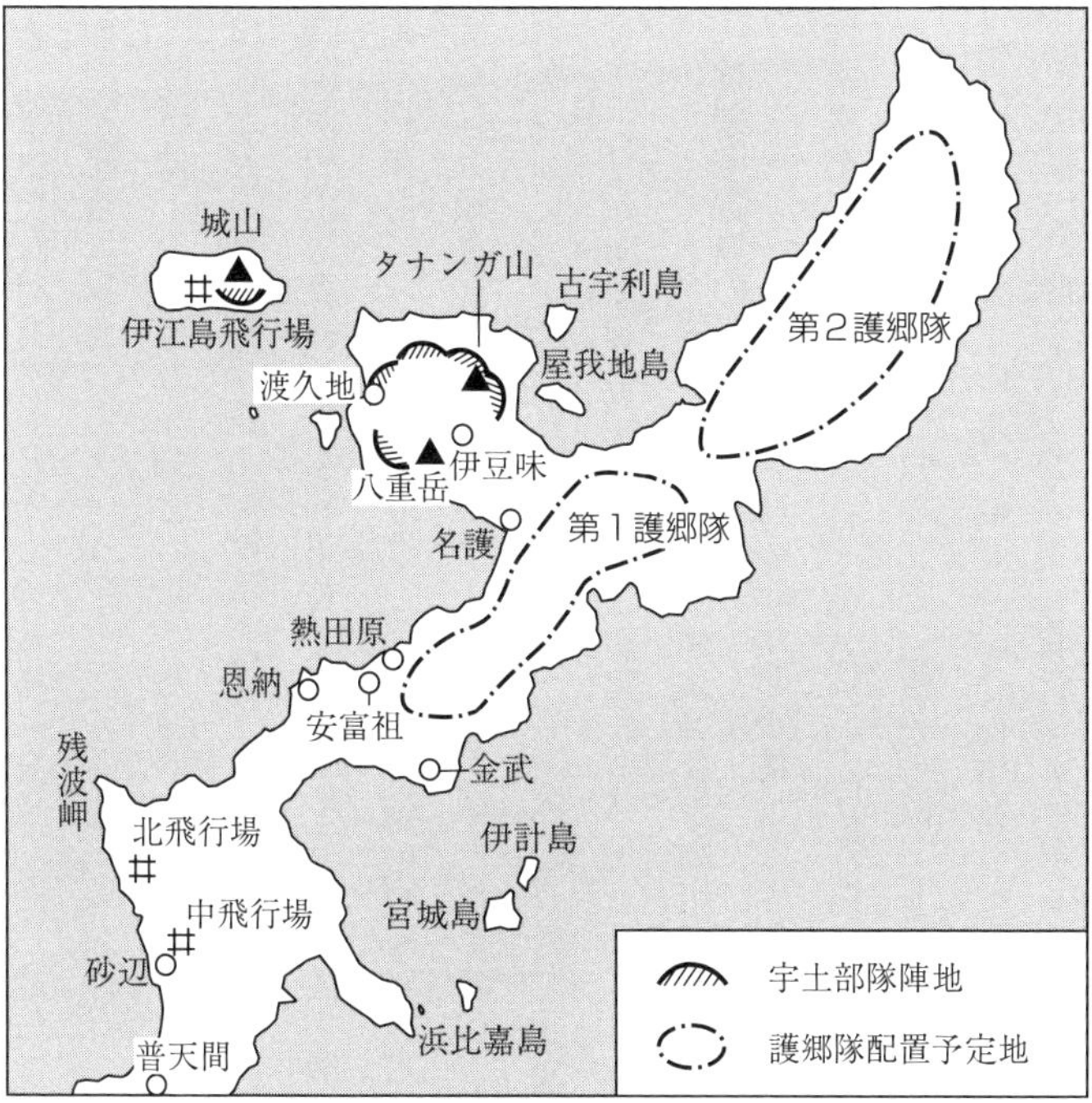

図1　第一・第二護郷隊配置予定図（1944年9月～12月上旬）
名護市教育委員会提供

た、名護町に行き翼賛壮年会の吉本栄真を訪問、そこで在郷軍人会国頭連合会分会副会長の照屋《てるや》規吉に出会ったという。

照屋は、その時の様子を「私は九月中旬頃、名護国民学校の国頭郡図書館内にあった在郷軍人会国頭連合分会（翼賛壮年会も併設）の事務所で村上治夫中尉にお会いした」「その時国頭の山岳森林地帯を利用して遊撃戦を行う部隊を編成する。部隊の分隊長小隊長は現地で召集して充当する積りだ。名護町在住の在郷軍人で優秀な下士官、兵の名簿を作成してくれと頼まれた」「もちろん、私の名前も書き込んで遊撃隊要員に加えてもらうようにお願いして置いた」と回想する（護郷隊編纂委員会『護郷隊』）。そして十・十空襲翌日（十月十一日）、照屋規吉に召集令状が届いた。

幹部常置員の召集

のちに分隊長となる山川文雄は「九月下旬、二度目の令状を受けた。令状の指示事項欄に、頭髪、服装は平常のままでよい、集合地は名護県立第三高女と記載されているのが印象的だった」と回想する（同前書）。そして「集合期日（十月五日）に名護の第三高女に行ってみると、集まった連中はみんな目立たないような服装をしている。仰々しい受付事務もやっていない。二、三人の顔見知りの者に聞いてみると、彼らも、どういう部隊に召集されているのかさっぱり分らないという。暫らくして、東京の銀座にでも現われそうな、実にスマートな背広スタイルに、頭髪をきれいに整髪した青年達が四、五人玄関にあらわれた。言語動作がきびきびしているので、この人達は、何か特別の任務をもっている青年将校かも知れないという感じがした」と述べている（同前書）。

この頃召集されたメンバーは実務部隊の基幹とされ、常置員と呼ばれた。総数約七〇名である。山川らは照屋規吉よりも若干早い十月五日に召集されている。常置員らは那覇市内にあった球部隊本部に向かい、遊撃隊編成のための武器・弾薬、これから召集する少年兵の被服などの手配に追われた。だが、秘密戦資材や兵器を積んだ貨物船が途中撃沈されるなど、前途多難な準備状況だったという。

山川らは那覇で十・十空襲に遭い、翌日、軍用車両で名護町に戻ってきた。村上は常置員を引き連れ、独立混成第四四旅団本部となった沖縄県立第三高等女学校に出向き、旅団長鈴木繁次少将に遊撃隊編成を申告した。第三・第四遊撃隊は作戦地域が第四四旅団作戦地域内となるため、その指揮下に入ったのである。十月十三日、遊撃隊編成が完結した。

護郷隊の組織体制

護郷隊の組織体制は、第三遊撃隊大隊長村上治夫、第四遊撃隊大隊長岩波寿を筆頭に、中隊（少尉・六丙）、小隊（下士官・六戊）と分

化され、その下に分隊が置れた。分隊メンバーは集落ごと（字単位）に集められた少年たちで構成され、分隊長はその集落出身の兵役を終えた在郷軍人等であった。村上は集落単位とした理由を「故郷は自らの手で護る意識が高くなる」と述べている（名護市教育委員会編『語りつぐ戦争　第三集』）。そして村上は遊撃隊を秘匿とし、少年たちに「故郷は自らの手で護る」という意識を根付かせるため、第三遊撃隊を第一護郷隊、第四遊撃隊を第二護郷隊と命名した。第一・第二護郷隊の組織体制は表2のとおり。

表2　護郷隊組織体制

	隊　　名	氏　　名
第一護郷隊（第三遊撃隊）	大　隊　長	村上治夫　中尉
	本部付副官	照屋規吉　軍曹
	本部付情報係	首藤孝雄　軍曹
	本部付通信兵器係	近藤重喜　軍曹
	第一中隊長	油井栄暦　少尉
	第二中隊長	菅江敬三　少尉
	第三中隊長	木下忠正　少尉
	第四中隊長	竹中　素　少尉
第二護郷隊（第四遊撃隊）	大　隊　長	岩波　寿　中尉
	本部指揮班長	平良仲興
	本　部　付	溝　茂彦　軍曹
	本　部　付	楯岡敏光　軍曹
	第一中隊長	中島　寛　少尉
	第二中隊長	松崎正行　少尉
	第三中隊長	畑　友迪　少尉
	第四中隊長	今村武秋　少尉（西表島へ）

特徴は副官クラスに沖縄出身者を採用したことである。前述した地域住民の協力を容易とすることがねらいの一つだったと考えられる。

のちに各離島へ残置諜者として配置された馬場正治、氏元一雄、川島登ら三人の軍曹は第一護郷隊に。中屋八郎、岡幸夫（のち第三二軍付）ら二人の軍曹は第二護郷隊に教育担当として配置されていた。また、第二護郷隊第四中隊の今村武秋少尉と、のちに波照間《はてるま》島で残置諜報員となる酒井喜代輔は、常置員が召集され遊撃隊編成が完結するころ、すでに西表《いりおもて》島に向かっていた。今村・酒井は十月下旬に石垣島に到着。その後西表島で護郷隊を編成するため、石垣島に駐屯していた第四五旅団長宮崎武之少将の指揮下に入り、竹富町域の七つの島々で少年たちを召集したのである。

なぜ、少年か

国が守るべき少年たちを召集したもっとも大きな理由は兵士不足である。その様子は後述するが、大本営はレイテ島・フィリピン戦で守勢に立たされると、次に台湾・沖縄・中国のいずれかに米軍は進攻してくると予測した。だが、それに見合った兵士数はなく、大本営は喫緊で兵士を補おうと、少年たちに目を付けたのである。

前述したように召集対象者を「少壮（若くて意気盛んな）積極果敢なる者を選定し」召集検査前の者を充てよ（八月二十九日）、という通達が陸軍大臣杉山元より関係陸軍部にだされ、そのあとに満一七歳召集（十一月一日）が始まっている。村上治夫は、第一次召集を召集施行前の十月二十三日に行っていることから、八月二十九日の通達を受け、前倒しで「若くて意気盛んな、積極果敢なる者を」召集したのであろう。この召集は明らかに法令違反である。

また、それ以外にも召集適齢に達していない一五歳から一六歳の多くの少年たちが志願という形で召集されていた。戦後、護郷隊の召集は援護業務上問題になっている。「沖縄戦史32Ａを中心とする日本軍の作戦　付録」（陸上自衛隊幹部学校、一九六〇年十月）に記録された資料のなかで召集年齢について次のように記述されている。

当時の兵役法では満十七歳未満の召集はできない筈であったが、特に第二回以降の召集では満十七歳未満の者も相当召集され、戦後援護業務上の問題となった。検査には町村長、兵事主任、青年学校職員等と遊撃隊幹部が立会し本人の志願意思は確かめた様であるが、村上大尉は当時の状況を、「兵役法の規定は知らなかった。また隊員は身長等体格を概観して簡単に合否を決定した」と回想している。

後述するが、少年らの多くは自ら望んだ志願ではなく、強制された志願だったことが判明している。

同じ頃（十月二十五日）、フィリピン沖海戦で神風特別攻撃隊による米軍艦船への体当たり攻撃が始まった。山田朗は『昭和天皇の戦争―「昭和天皇実録」に残されたこと・消されたこと―』のなかで「これはもはや作戦ではなく、戦力の自滅でしかなかった」「戦争はついに日本軍の作戦遂行能力の限界点を超え、統帥部の最低限の理性すら崩壊させた」と述べている。

国が守るべき少年たちの召集は、統帥部の最低限の理性がすでに崩壊し始めた時期であり、「強制された志願」も、その事例のひとつだった。

召集開始

第一次召集・名護国民学校

一九四四年（昭和十九）十月二十三日、名護《なご》国民学校に北は国頭《くにがみ》村から南は恩納《おんな》村（字南恩納まで）、金武《きん》村（宜野座《ぎのざ》村を含む）の少年たち約七〇〇名が集まってきた。

国頭村浜区の金城蒲六（一六歳）は「召集は十月下旬、自宅のある浜区から歩いて（約二六キロ）名護国民学校に向かった。学校に着くと校門から右側に名護の少年たち、左側に国頭・大宜味《おおぎみ》・東《ひがし》村の少年たちと分かれていた」と振り返る。また、国頭村辺野喜《べのき》区に住む東恩納《ひがしおんな》寛文（一七歳）は「伊江《いえ》島で十・十空襲に遭った。それから三日ぐらいして伊江島の徴用を終え、自宅に戻り十日ぐらいして召集令状の赤紙が来た。歩いて（約四〇

図2　少年護郷隊之碑　名護小学校となりの旭が丘に建立されている.

キロ）名護国民学校に着くと、それから毎日訓練だった」と述べる。また、玉那《たまな》覇《は》有義（東村、一六歳）、伊芸《いげい》方秀（金武町、一七歳）は伊江島で徴用中に召集されたという。

伊芸は「伊江島で十・十空襲に襲われた。十月二十日頃、菅江少尉（中野出身者）が伊江島に連れに来ていた。そして十月二十三日に召集された」と振り返った。名護市に住む玉里勝三（一六歳）は「地下足袋をもってフンドシ一つ、軍服一着ずつ、毛布二枚ずつもって入隊したわけさ」と述べた。喜名《きな》宗和（金武町、一七歳）も「突如として若い青年の胸をおどらすような召集の通知がきた」「明けてとうとう今日は出征の日」「青年服に地下足袋、持ち物は食器に弁当箱、スコップか鍬ときている」と語った（福地曠昭『少年護郷隊』）。

集まった少年たちは支給された軍服を身に着け、運動場に集められた。村上は「軍服が支給されたが、大きすぎて軍服に身体を合わせようとしても通用しない。軍靴も支給されたが、今まで裸足だったので靴擦れが発生して大弱りした」と回想する（『武家の商法』）。そして指揮台に立った村上治夫の訓示が始まった。元護郷隊員らは「村上治夫、岩波寿らはこれまで見た軍人とは違い長髪だった。彼らは普通の軍隊とは違った雰囲気を持っていた」と述べている。召集された少年たちは「青年兵」と呼ばれ、帯剣や銃が与えられた。訓練を終え自宅待機中だった頃、軍服や帯剣を身にまとい、集落内をかっ歩し自慢していたという。「青年兵」となった少年たちは「故郷は自らの手で護る」という意識がさらに強くなったのであろう。

第一次召集の中には、常置員と同じころに召集された少年たちもいる。彼らは衛生兵や通信兵と特殊任務を命じられ、県立名護第三中学校で任務に応じた訓練を受けていたという。

第九師団の転出と護郷隊

一九四四年十月十日から十四日にかけ、沖縄と台湾は大空襲に見舞われた。軍都化した那覇市を中心に襲いかかった空襲（十月十日）を十・十空襲と呼ぶ。米軍はフィリピン・レイテ島を攻略する前に、沖縄・台湾に建設中だった日本軍陣地および飛行場を襲ったのである。十月二十日、米軍はレイテ島に上陸した。フィリピンはその後も戦闘は続いたが次第に米軍の占領下におかれた。

大本営は、レイテ決戦のために沖縄に配置されていた第九師団（武部隊）を台湾へ抽出することを決定した。レイテ決戦に勝てば「沖縄決戦」も必要なくなると考えていたという。第九師団は十一月から翌年一月にかけ、沖縄から台湾へと向かった。

第三二軍は第九師団の抜けた穴を埋めるため、大がかりな沖縄本島再配置を行い、そのしわ寄せは護郷隊まで波及した。

十一月二十六日、第三二軍は独立混成第四四旅団を二つに分け、主力部隊（鈴木繁二少将）を南部へ移動させ、北部に残った部隊を国頭支隊（宇土《うど》部隊）と位置付け、第一・第二護郷隊をその指揮下に置いた。さらに十一月末、第三二軍は護郷隊配置域を、第一護郷隊を多野岳《たのだけ》・名護岳から本部《もとぶ》半島タナンガ山（三〇二高地）へ移動させ、北部三村（国頭・大宜味・東）の山中に配置予定だった第二護郷隊を多野岳へ配置するよう命じた。村上・岩波は「今回の配備変更は、当初計画した遊撃隊の編成方針と運用要領から大きく逸脱するもの」として不満を隠さない。だが、第三二軍の命令は絶対であり、副隊長照屋規吉は「十二月八日、大詔奉戴日を期し、部隊の大機動演習を実施しつつ伊豆味タナンガ山に移動、山塞の構築に従事した」と移動の様子を述べている。

そして新たな配備変更に伴い、本部半島の地理に詳しい今帰仁《なきじん》村・本部町の少年たちが集められた。第二次召集である。

第二次召集・謝花国民学校

十二月十日、本部町・今帰仁村の少年たち約一五〇名が本部町の謝花《じゃはな》国民学校に集まってきた。金城《きんじょう》林昌（今帰仁村、一七歳）は「謝花では小学校の板の間に、ござなんか敷いて寝ていたわけです」「ござ敷いて、毛布は一人に三枚ぐらいだった。食事は腹一パイはなかったです」と述べ（『沖縄県史　第一〇巻』一九七四年）、大城《おおしろ》哲夫（今帰仁村、一七歳）は「一か月間の訓練を受けて、旧正月も謝花国民学校でやった。姉さんがきて、校舎のかげで料理を食べたのを覚えている」と振り返る。

謝花国民学校で少年たちの召集業務、および教育訓練を担当していたのは近藤重喜軍曹・竹中素少尉である。のちに久米島で離島残置諜者となる氏元一雄軍曹も一時、ここで

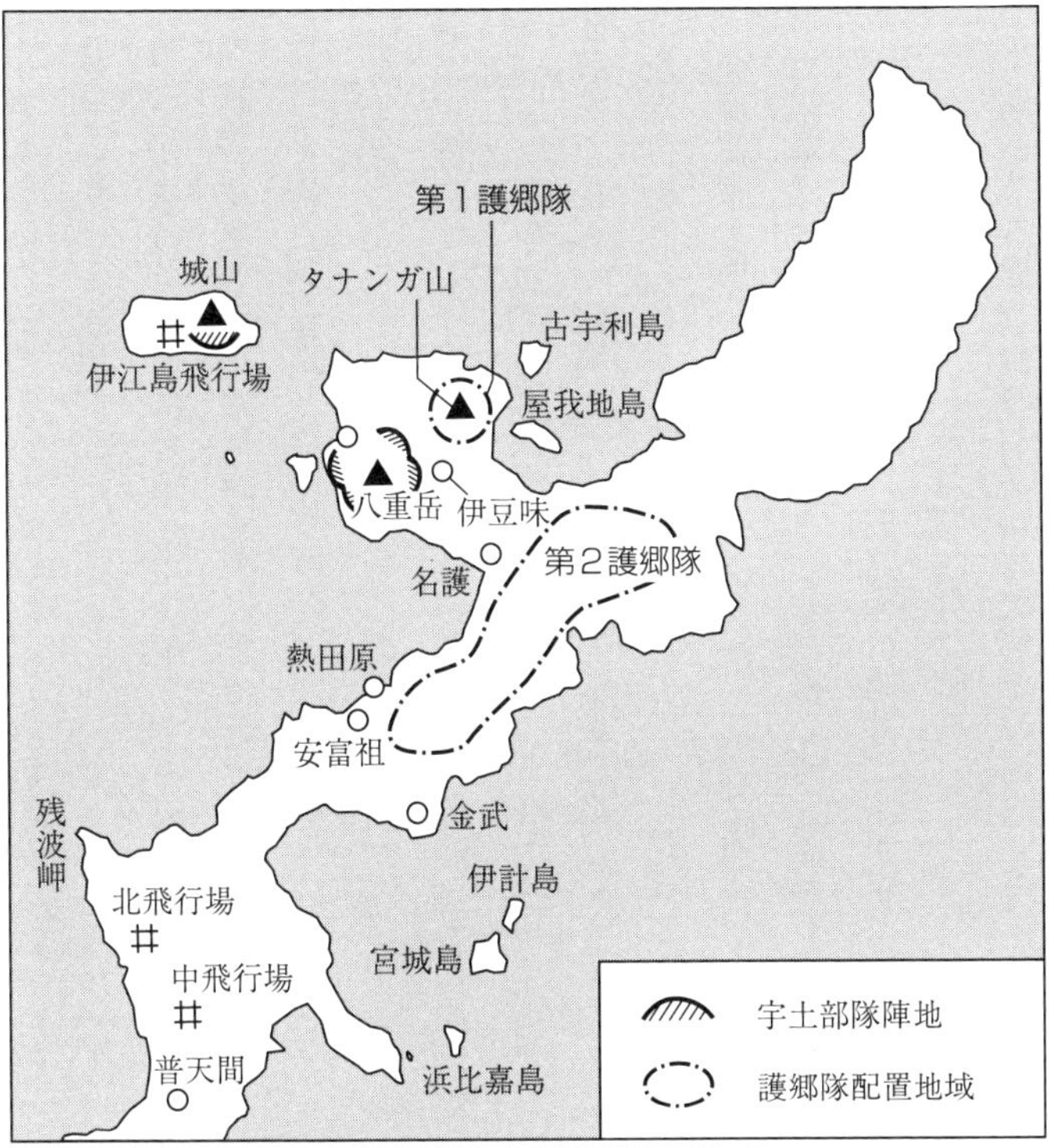

図３　第一・第二護郷隊配置図（1944年12月上旬～1945年１月中旬）
名護市教育委員会提供

少年たちに教育訓練を行っていた。元護郷隊員らは「近藤、氏元軍曹は厳しく鬼軍曹と呼ばれていた」と回想する。

村上治夫は、第二次召集した少年たちを謝花国民学校で教育訓練したことで、名護国民学校教育を第一教育隊、謝花国民学校教育を第二教育隊、その後の第三次召集羽地《はねじ》国民学校教育を第三教育隊と位置づけた。

年が明けた一月上旬、第九師団の台湾転出が完了した。大本営はその後、代替えとして新たに配置する予定だった第八四師団の沖縄派遣を断念した。第三二軍はさらなる配備変更を迫られ、またしても護郷隊に第二波が押し寄せてきた。第三二軍は一八歳以上の護郷隊員を正規軍へ転属させるよう村上治夫に指示したのである。村上は「せっかく手塩にかけた隊員をとられるとは」と憤った。

大城盛正（国頭村、一八歳）は、第二護郷隊から正規軍へ転属した一人である。

第二護郷隊にいたとき、安富祖《あふそ》で陣地構築を行ない、美里《みさと》村などで斥候兵として偵察していた。ある日、安富祖の陣地に正規軍の召集令状がきた。たぶん六〇名ぐらい集まったと思う。それで二列に整列して『こっちから前はトラックに乗りなさい』と、前と後ろで二台のトラックに乗せられた。我々は後の組だった。あとで聞いたら前のトラックは伊江島に行ったということだった。

我々は本部国民学校で約三〇名、トラックから降ろされて十五日くらいこっちで訓練して真部山《まぶやま》（陣地）へのぼった。

伊江島、真部山での戦闘は多くの犠牲者を出している。

第三次召集・羽地国民学校

一八歳の護郷隊員が正規軍に転属した後の一九四五年（昭和二十）一月十四日、その穴埋めとして第三次召集が行われた。吉野毅（金武町、一五歳）は「赤紙が来た。十四日の午前、金武国民学校に集合し、そこで青年学校長と村長の激励があって指定地の羽地国民学校に向かった。護郷隊に召集されたことを喜んだ」と振り返る。山城《やましろ》繁信（恩納村、一六歳）は「赤紙がきて恩納村の少年たちは、最初に安富祖国民学校に集合した。そしてみんなで羽地に向かった」と述べた。

羽地国民学校の地元である少年たちの召集は、他地域とは召集の様子が違っていた。新里《しんざと》幸貞（羽地村、一五歳）は「（羽地の）青年学校に村上治夫がきて、校長先生と二人で徴兵検査があった」と回顧する。親川《おやかわ》和夫（羽地村、一五歳）は「村上治夫が青年学校に来て、『護郷隊がいやなものは前へ出て来い』と言った。誰も出るわけがない。『よし、立派』ということで身体検査が始まった。身長は三八式の鉄砲の長さ以上、一〇kgの荷物を持てれば合格だった」と振り返った。座喜味《ざきみ》盛義（羽地村、一六歳）も「赤紙が来た覚えはなく強制だった。青年学校に集まって、村上中尉の訓示があってね、上から押さえつける感じだった」と語る。

地元の少年たちは、威圧的に強制された「志願」の少年が圧倒的に多かったのである。

第二護郷隊・第二次召集

安富祖国民学校を本拠地とした第二護郷隊でも第二次召集が行われていた。対象地域は第一次召集と同じく国頭村・大宜味村・東村の少年たちだった。前述したように、第二護郷隊の配置場所は、北部三村の山中から恩納岳へと変更されていた。だが、これまでどおりの北部三村の少年たちを召集したことで、少年たち誰一人も地の利を知らない土地へと配置されることになった。なかでも大宜味村・東村の犠牲者は多い。大宜味村の瑞慶山《ずけやま》良光（一六歳）は「三月一日朝十時頃、（大宜味村役場前の）忠魂碑の前に集められ、安富祖国民学校をめざして歩いた」と述べる。

一九四五年三月一日、東村から出発した少年たちも安富祖国民学校に向かっていた。金城幸昭（東村、一六歳）は「東村出身の池原貞雄分隊長が学校にやってきて、私たち同年代の少年たちを横列に並べ、列の途中に手を入れ『ここから先を連れて行く、残った者はあとから連れに来る』と言われ、私たちは安富祖国民学校をめざして歩き始めた」と振り

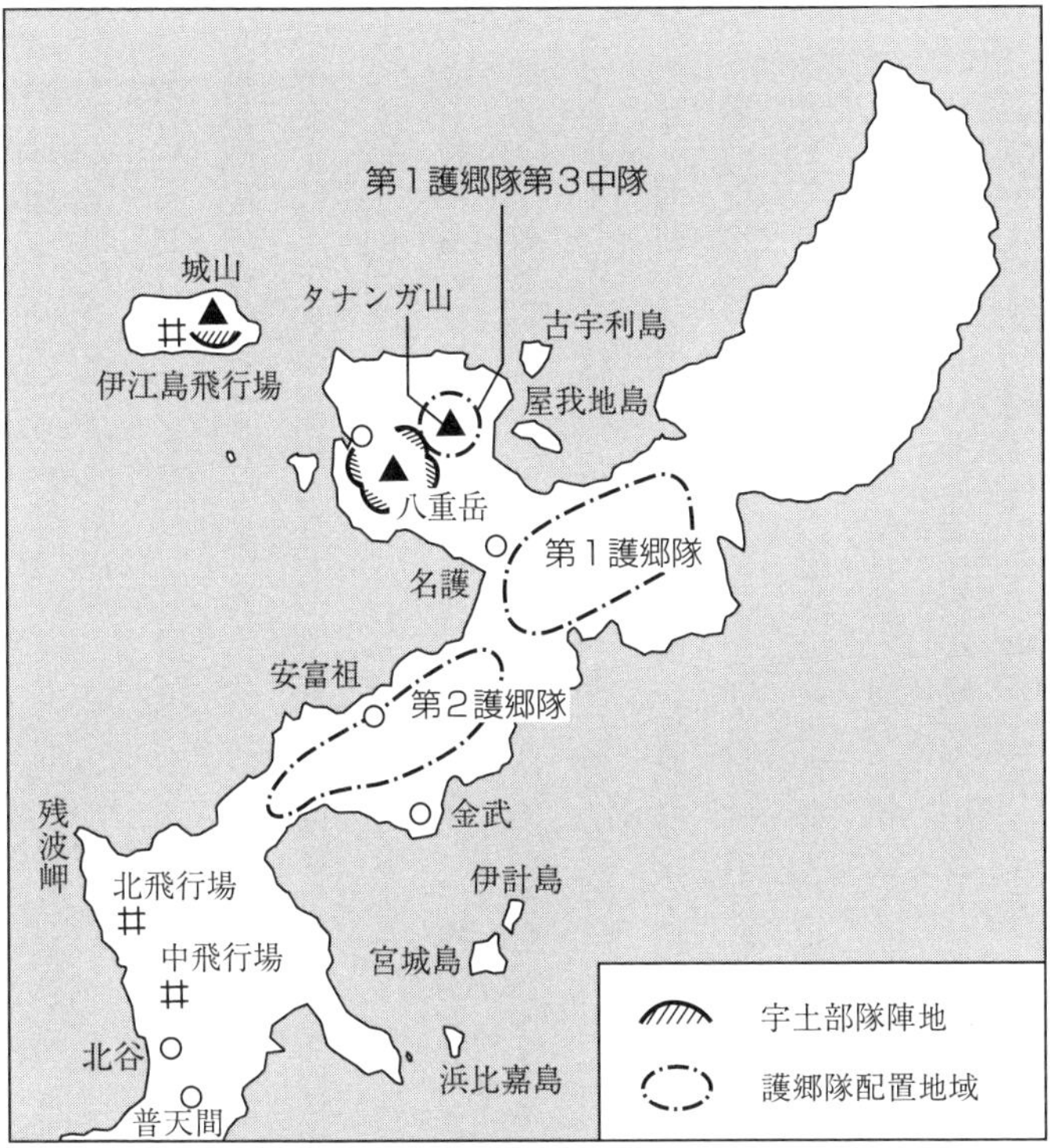

図４　第一・第二護郷隊配置図（1945年１月中旬～）
名護市教育委員会提供

返る。仲泊《なかどまり》栄吉（東村、一六歳）は「召集令状はなかった。簡単な身体検査があって、そのまま安富祖まで連れていかれた」と述べている。

読谷村《よみたん》・北谷村《ちゃたん》（現北谷町）・美里村（現沖縄市）・具志川村《ぐしかわ》（現うるま市）の少年たちも安富祖国民学校をめざして歩きだしていた。金城光栄（美里村、一七歳）は「美里からは試験を受けて十名が選抜された。三月一日に嘉手納《かでな》の農林学校に集まって、読谷村を経由して安富祖国民学校まで歩いて行った」と振り返る。

読谷村出身の松田賢貞（一六歳）は召集された様子を次のように述べている。

青年学校本科二年生だった私にも赤色の召集令状がきました。令状にはこう書かれてありました。『球一八八一四部隊（第二護郷隊）、歩兵第二補充兵松田賢貞　昭和三年十二月生　入隊三月一日、場所　恩納村安富祖国民学校、前日午後四時に読谷山村役場前集合』役場前には、私を含む読谷村出身者八人が第二護郷隊に入隊するために集合していました。第二護郷隊の新里軍曹が、北谷、越来《ごえく》、美里、具志川の各村から集められた四〇名ほどの徴兵適齢前の少年たちを、集合場所であった嘉手納の農林学校から、私たちのいる読谷山村役場まで引率してきました。そこで『護郷隊歌』の歌詞が書かれた紙を配られ、皆で歌いながら、歩いて安富祖国民学校をめざしました。

一九四五年（昭和二十）三月二十六日、沖縄県立第三中学校の生徒たちが伊豆味《いずみ》国民学校（三中避難壕前という説もある）に集められた。約三〇〇名の第三中鉄血勤皇隊の結成である。集められた三中生らは右と左に分けられ、それぞれ約一五〇名ずつ宇土部隊と護郷隊に配置された。村上治夫は『沖縄戦秘史』で、三中生がやってきた様子を次のように記している。

明けて（三月）二十七日

鉄血勤皇隊、防衛召集に引き続いて、約一五〇名もの隊員が部隊に配属となった。部隊では戦争完製《（ママ）》の為、猫の手でも借りたい程だったので、早速使用したいのであるが（略）。三中生の一年より五年生に至る防召兵だ。まるで子供のようなものもあれば護郷隊に伍して劣らないのも居る。中隊長小隊長が学校の先生（軍人非ず）である丈《だけ》に訓練も亦《また》やりにくい、軍事的な識能のない先生では何の役にも立たない。然《しか》し、生徒の世話役位はなるだろう。訓練の傍ら、生徒達の状況を審に見た菅江少尉「隊長殿三中生の小さな奴秤りを集めて情報班を編成したらどうですか」との意見具申。早速、容れて編成することにした。（略）ああ此の三中生も早々から訓練して置けば、

（『読谷村史　第五巻』）

護郷隊員となった三中鉄血勤皇隊

偉大なる戦力だったのに全々惜しいことをしたと考える。

村上は三中生の召集は「当初予定になかった」と述べており、右記の証言から見ても護郷隊に配属された三中生らは戦略・戦闘能力の有無に関係なく、とりあえず召集されたことがわかる。三中生の教育係も担っていた近藤重喜は「期間は四日間、軍服は全員に支給されたが、小銃は三人に一銃、銃剣は銃以外の数はなく、レールを外し、鍛冶屋で矛を作り、各人川の辺りで磨いた。そして樫の柄をつけ、槍に使う古代的なものだった。恐らく一本も実用にならなかったであろう」と述べている（近藤重喜『古希記念　我が人生に悔いなし（戦中編）』私家版）。

西表島・護郷隊の召集

県内でも有数の高い山々を持つ西表島《いりおもて》（八重山《やえやま》諸島）での召集は遅い。第二護郷隊第四中隊長今村武秋の常置員召集は一九四四年十二月上旬であり、少年たちの召集は米軍が沖縄本島に上陸した一九四五年四月一日であった。

西表島の船浮《ふなうき》には特攻艇格納庫や、湾内に浮かぶ内離《うちぱなり》島、外離《そとぱなり》島には司令本部や兵舎・陸軍病院・重砲兵連隊等が設置されていた。また、石垣島では米英軍の空襲を受けながらも日本軍飛行場の建設を進めており、護郷隊の西表島配置は、米英軍が船浮、石垣島のいずれかに上陸した場合、背後から遊撃戦を展開する目的だったのであろう。

表3　護郷隊に召集された島別の人数

島名	人数
竹富島	15人
西表島	9人
小浜島	22人
黒島	13人
鳩間島	11人
新城島	2人
波照間島	6人
合計	78人

「元軍人軍属本籍地名簿」竹富町より作成.

竹富《たけとみ》町は西表島を含む、竹富島・小浜《こはま》島・黒島・鳩間《はとま》島・新城《あらぐすく》島・波照間《はてるま》島の七つの島々で構成された行政地である。第二護郷隊第四中隊長として西表島に渡った今村武秋は、この七つの島々から少年たち七八名を召集、船浮の日本軍陣地に近い祖納《そない》国民学校へ集合させた。すでに制空海権が米英軍に奪われていた時期である。野底《のそこ》貞雄（小浜島、一六歳）は「みんな石垣島に渡って、それから西表島へ渡る予定だった。しかし、アメリカの艦載機も来るから怖くて小浜島からクリ舟で渡って行った。西表島の由布《ゆふ》島に渡って由布島から歩いて祖納まで」と振り返る。少年たちは召集された時点で死を覚悟で海を渡っていたのである。

陣地構築と教育訓練

陣地構築　一八歳の少年兵が正規軍へ再召集されたころ、第三二軍は第一護郷隊を再び多野岳へ、第二護郷隊を恩納岳へと、再々の陣地変更を村上に下命した。最初に多野岳にいた第二護郷隊が恩納岳へと動き出した。

四遊作命第十号

第四遊撃隊命令　　　　　　　一月十七日　一二・〇〇

名護

一、支隊は「ニ」号演習を実施せらる。

二、部隊は演習実施のため速に恩納村に転移せんとす。

三、各隊は設営のため各一小隊を差出し十七日十七時準備拠点に於て松崎少尉の指揮に入らしむべし。
四、松崎少尉は前項の人員を指揮し十七日夜間行動に依り恩納村に至り部隊主力宿営のための準備をなすべし。細部に関しては別に指示す。
（略）
第四遊撃隊長　　岩波　大尉
下達法　　各隊長を集め要旨伝達後印刷交付
報告（通報）先　　支隊本部村上部隊
（『本部町史　資料編一』）

一月十七日の夜間、松崎少尉を先頭に第二護郷隊が多野岳から恩納岳をめざして出発したあと、一月二十五日、第一護郷隊は第三中隊（隊長木下忠正）をタナンガ山へ残留させ、再び多野岳へと向かった。

三遊作命第十三号
第三遊撃隊命令　　一月二十五日　一八・〇〇
仲　　尾　　次

一、部隊はタニヨ岳拠点に移駐せんとす。
二、各隊は現在構築中の兵舎を速かに完成明二十六日十八時迄に主力移駐を完了すべし。
三、給養其の他に関しては各係をして指示せしむ。
四、予は仲尾次隊本部に在り。

第三遊撃隊長　村上治夫
下達法　要旨下達後印刷交付
報告（通報）先　国支　Ⅳ遊
（『本部町史　資料編一』）

近藤重喜は、「一月二十三日（ママ）零時を期して出発。伊豆味《いずみ》～伊佐川《いさがわ》～仲尾次《なかおし》を通り、稲嶺《いなみね》国民学校に着いたのは夜明けであった」と述べ、休憩後、真喜屋《まきや》林道を上り護郷隊の本拠地となるキナマタへと到着した。その後村上は、主力部隊到着後の陣地構築を「秘匿欺騙したる基地を二月十日までに完成すべし」と命令した。

近藤は、陣地構築の様子を次のように述べている。

（渓谷に）三メートル位（正しくは一〇メートル近い）の滝がある。水量もあり、勢いよく飛沫を上げて音が響いている。その下が本部、二中隊、四中隊の順、上が一中隊。滝の上へ行くのに、崖が大変である。特に食事を運ぶのに、苦労が多いと思われるが、指定されているので仕方がない。（略）渓谷は傾斜が強く、兵舎を作るところが少ない。秘密保持などのため、小隊間は若干の距離を置き分隊毎に設営することを計画。分隊長指揮下のもと、整地、伐採、運搬、建て方、壁、屋根、床など手分けして行った。

（『古希記念　我が人生に悔いなし（戦中編）』）

護郷隊員は、訓練期間を終えると一度郷里へ帰ることが許されたが、すぐに再召集されていた。金城蒲六（前出）は「第一教育隊の訓練は四〇日。訓練を終えると、一度村へ戻って、また陣地構築といって名護岳とか石川岳で軍隊の作業をした」と述べ、並里《なみさと》郁夫（本部町、一七歳）は「謝花から多野岳にいったのは旧正（月が）終わって、田んぼの苗床つくるから家に帰されたが、作っている途中に呼ばれた」と振り返る。

食糧備蓄　護郷隊員のなかで苦しかった思い出の一つが食糧備蓄であった。第三二軍が壊滅した後の遊撃戦を想定した護郷隊にとって、十分な食糧を確保することは重要だった。護郷隊が国頭支隊（宇土部隊）の隷下となったのは食糧補給ルートを確保することも一つの理由という。

二月二十四日、村上は「近日中に名護埠頭に揚陸せらるる予備糧秣の各基地搬入に当りては各地区作業隊より兵三〇教育隊より兵一〇〇及在地方現有馬車を徴発し即刻搬入格納を実施し得る如く準備すべし」、三月十三日「第一護郷隊は予備糧秣を嘉手納及名護に於て受領安富祖中継にて各基地に分散搬入せんとす」（『本部町史　資料編一』）と、何度か食糧搬入の命令を発している。

真栄田《まえだ》義召（羽地村、一七歳）は「馬車をひいて、読谷から米を運搬したことがある。護郷隊の米を読谷の飛行場裏側の浜から恩納の小学校（安富祖国民学校）に二日かかって運び、後からその食糧を名護まで運んできた」と振り返る。また、恩納村出身の仲嶺《なかみね》真三（一七歳）も「うちには馬車がありましたから馬車で運搬です。馬車がある人は、みんな家に帰って馬車を持って来たんです。読谷の渡具知《とぐち》から米を運んだんです。はじめの日は安富祖校に持って来て、次の日はここから名護岳の下まで。久志《くし》（区）の久辺《くべ》国民学校にも分けて運びました。また他の連中はこれをみんな担いで山に」と述べた。護郷隊員らは持久戦という遊撃戦に備えるため、各陣地へ大量な食糧を運び出していたのである。

当時、糧秣・経理を担当していた与儀《よぎ》朝清（出身地不明）は、護郷隊本部が配置変更となるたびに「調達が又々振出しに戻り、兵員も多くなり困難を極めた」と回想する。与儀は、本部町（タナンガ山陣地のひとつ屋名座地区）から多野岳に食糧を移動する際に「倉庫が無いので一時民間（家）に分散させ、民間から多野岳へと運搬した。空襲も激しくなり夜間を利用（略）、六〇キロの米運搬に青年兵の体力では過重負担であり（略）困難を極めた」と述べている（『護郷隊』）。

新里幸貞（羽地村、一五歳）は「多野岳までの食糧運搬は真喜屋側から運んだ。山は高いさーな（険しいから）二人で六〇キロの米俵を棒に提げて運ぶんだけど、険しいし重いから大変だった。苦労したよ。お米のほかには、カンメンポーといってカンパン、ビスケットみたいなもの。トタン箱の中にボール紙に包まれて入っていた」と当時の苦しかった様子を振り返る。大城数雄（羽地村）は「大きなカマスに入っていて、うちらのようなまだ若い人は一七、八歳だから一人では担げない。二人で担いで歩きよったんだが……。これが重たいもんだから。竹の両方の節を切って、これをカマスに突っ込んでわざと穴開けてこぼしながら行った。数だけ運べばいいんだから、どうせこんなしないと担げない」と述べた。

村上治夫は「四〇〇〇俵の糧秣を備蓄した」と記憶する。

食糧備蓄は西表島でも行われていた。西表島の山々はウシク森（約標高三六〇メートル）、テドウ山（約四四〇メートル）、波照間森（約四四七メートル）御座岳《ござだけ》（約四二〇メートル）と沖縄本島では見られない渓谷深い山々である。その山々を一俵六〇キロもある食糧を担ぎ、何度も往復していたと元護郷隊員らは回顧する。

陸軍中野学校歌と護郷隊歌

護郷隊には、隊員を鼓舞する歌がいくつかある。いずれも菅江敬三少尉の作で「護郷隊歌」「沖縄島の歌」「教育隊歌」などである。その中で左に掲げた「護郷隊歌」のメロディは陸軍中野学校歌「三三壮別《さんさんわか》れの歌」と同じであり、三・四番の歌詞は「三三壮別れの歌」の一番・二番と同じであった。特に三番の歌詞は名護小学校旭が丘に建つ少年護郷隊之碑の背にも刻まれている。

一、運命かけたる沖縄島に
我等召されて護郷の戦士
驕れる米英撃ちてし止まん
二、お召を受けて感激の日に
死所を求めてああ死所得たり
郷土を護るはこの俺達よ
三、赤き心で断じてなせば

骨も砕けよ肉又散れよ
君に捧げて微笑む男児
四、いらぬは手柄浮雲の如く
意気に感ぜし人生こそは
神よ与えよ万難われに

中部地域から召集された少年たちは「『護郷隊歌』を歌いながら嘉手納《かでな》農林学校から読谷村役場を経由し、安富祖国民学校に向かった」と述べており、北部三村から安富祖国民学校に召集された少年たちも、一時帰宅の時には「護郷隊歌」を歌いながら故郷をめざしたという。つねに「護郷隊歌」は少年たちの身近にあったのである。

二〇一一年（平成二十三）六月二十三日、少年護郷隊之碑の前で慰霊祭が執り行われた。その際にいくつかのマスメディアが取材に来ており、彼

図５　陸軍中野学校校歌「三三壮途の歌」『俣一戦史―陸軍中野学校二俣分校第一期生の記録―』（俣一会）より転載.

らの依頼で元護郷隊員だった数名のメンバーが互いの肩に腕を乗せ合い「護郷隊歌」を歌いだした。陸軍中野学校の精神は、「護郷隊歌」を歌うことで少年たちに浸透したのだろうか。彼らの意気揚々と声高に歌う表情は、戦時体験を思い出したのだろうか寂しくも見えた。

軍事教育・訓練

少年たちの教育係は主に分隊長（同郷の在郷軍人など）である。村上治夫は「（同郷の）先輩が分隊長、小隊長とあって気分もぐっと和やかで」と述べており（『護郷隊』）、副官照屋規吉は「四〇日位の短期間の教育で、然《しか》も昼夜連続休み無しの教育だったので、幹部及び青年兵も大変苦しかった事と思う。其の甲斐あって兵隊の態度動作は、体こそ小さいが立派な一人前の兵隊で現役の初年兵と何等変わりはなかった」と振り返る（同）。だが、元護郷隊員らの証言はまったく違っていた。比嘉《ひが》才四郎（今帰仁村、一七歳）は「軍服を着けた瞬間、分隊長に殴られた」と述べる。玉里勝三（前出）は行軍訓練の様子を「背のうは四二キロ、軽機関銃は一六キロ、これを担いで二〇キロ近い山道を行軍する。身長のある者が一番先頭で最後尾は身長が低い者。身長が足りず、肩にかけた軽機関銃を地面に引きずり落後する者も出た。彼らは追いつこうといつも走っていた。背が低く年齢もいかない弱い者が一番惨め」と振り返った。

護郷隊員は昼夜を問わない訓練を強いられた。上間《うえま》義文（羽地村、一六歳）は「静粛行進と言って、夜中に足音を消す訓練として軍靴に縄を巻いて名護の町を歩かされた」と述べている。

一人の失敗はすべて全体（連帯）責任である。謝花国民学校に召集された長嶺《ながみね》安正（本部町、一七歳）は「謝花国民学校で一か月ぐらい訓練した。軍歌を声が枯れるまで歌わされ、走ったり、半袖の軍服で匍匐前進したり。声が小さい時には全体責任で、ひざの辺りから腕のところまで血だらけになるまで匍匐前進をさせられた」と述べた。玉那覇有義（前出）は「一人十殺。十人殺したら死んでもいいと言われた。そして一人が失敗すると全体責任。分隊長たちは殴らん。僕たちを二列に並べ、互いに殴り合いをさせた。一人の分隊長は手を使わなかった。皮ベルトで僕たちを殴った」と振り返る。

第二護郷隊の訓練・宿舎施設となった安富祖国民学校でも、訓練の厳しさや手法は全く同じである。新垣《あらかき》善昭（うるま市、一五歳）は「全体責任の取り方は友人同士二人一組で互いの顔を殴ることだった。最初、友人を殴るのが弱いと、教育係が『こうするんだ！』と、全員思いっきり殴られた。それからは、悪くもない友人も殴るようになった」と語る。また、遠く離れた西表島でも「いつも全体責任で互いに殴り合っていた」と言う。内森《うちもり》勇（竹富島、一七歳）は「木銃で殴られ、死ぬかと思った」と述べ、同じ竹富島に住む松《まつ》竹《たけ》昇助（一五歳）は「餅が配られたが、一個なくなった時があった。誰かが食ったんだ。犯人捜しでみんな一日中ひざまずき。ひざまずいた下に棒を敷いていた。朝の四時ごろ、「立て」と言われても立ちきれない。みんな、また制裁。あの時は「お母さん」ってみんな泣いたよ。みんな『歯をくいしばれ、歯欠けるぞ』って制裁された」と振り返った。

教育係となった分隊長らは戦場や軍隊での厳しい訓練を思いだし、少年たちを無駄死にさせたくないと思ったのか、いやそれ以上に、相手を殺し自らも死をも恐れない少年兵へと育成するために、彼ら自身がやられた非人道的な軍隊式教育訓練を少年たちに叩き込んだのである。

比嘉文雄（前出）は「靴を脱ぎ、足の親指を引き金にあて、銃口を口に加える自決訓練もあった」と述べている。死をも恐れない教育の先には自決という選択肢もあったのである。

一方、大隊長の村上治夫は少年たちに厳しくなかったという。一部ではあるが「大隊長が勉強を教えてくれた」「私たちと同じところに眠ってくれた（兄のようだった）」と回想する元護郷隊員もいる。

爆薬訓練

遊撃戦訓練の一つに爆薬訓練がある。山城繁信（前出）は「みんな爆薬持って体当たりする訓練。一人十殺という教育で、また一人で戦車一台爆破させるという訓練させられた。銃を持って羽地の村や山で戦う訓練もやったけど主に爆発させる遊撃隊の訓練。木の箱に黄色薬何本か入れてそれに火をつけて……」と振り返る。東村から安富祖国民学校に召集された金城幸昭（前出）は「僕らは爆薬を背負う任務でしたから、一〇キロずつ黄色薬を背負って行ってこの松に仕掛ける練習、そして何十メートル走って帰ってきて伏せるという訓練ですよ。だから我々の背中は黄色薬の火薬のせいでみんな真っ黄色だった」と述べる。

タナンガ山に配置された比嘉文雄（前出）は「爆弾包装などは、黄色火薬とって、それに雷管をまいて包むわけ、一秒間に一センチ燃えるから、その計算をしてやりなさいと指示されていた。それを一〇センチ、二〇センチとつくっておいた」と回想する。

住民教育と同生共死

村上治夫をはじめとした中野学校出身者と地域住民との関係性は良好だった、といっても過言ではない。

一九四五年（昭和二十）一月十五日に発効された「国内遊撃戦における参考」の「第三章　民衆との関係」（『陸軍中野学校』）では次のように記されている。

要　則

第四六　遊撃戦の成否は、民衆の動向に懸かること大にして、民衆がよく組織せられて、防衛のため総動員の実をあげ得るにいたれば、遊撃戦遂行上きわめて有利なり。
これがため遊撃部隊は、あらゆる手段を尽くして、所在住民を指導援助し、もって民衆戦線の結成を促進せしむることに努力せざるべからず。
第四七　遊撃部隊は、なしうるかぎり所在住民を遊撃戦の基礎として利導活用するを要す。
これがため遊撃地域にある民衆に対しては、関係各機関と連携し、慎重なる計画のもとに、民衆と緊密なる表裏一体の協同関係を保持増大すること緊要なり。
第四八　遊撃部隊は、常に民衆をして、遊撃部隊と一心同体、同生共死の境地に立ち、自主積極的に協力して活動する如く誘導すること特に緊要なり。
遊撃部隊は、如何なる場合においても民衆に対し、その立場を考慮し、要求を適切ならしむるを要す。

村上は紀元節を祝うことを理由に、羽地国民学校で地方官民を招いた大宴会を催した。

その費用は自らの棒給三か月分を提供したという。副隊長照屋規吉は「隊長から遊撃戦は住民の協力がなくては遂行出来ない。二月十一日の紀元節の日は、関係町村長有志を集めて、軍民合同の懇親会を開催したいからその準備をするよう命ぜられた」と述べている（『護郷隊』）。招待者は町村長、議会議員、区長、警防団、翼賛壮年団、その他有志、並びに名護特設警備中隊西銘隊長等で三〇〇名。護郷隊を合わせ約八〇〇名の祝宴だったという。山川文雄は「国防婦人会を総動員して、嘉手苅《かでかる》鶴さんを中心に前日から徹夜して、酒肴の準備に精魂をこめた」「みんな肩をたたきあって、護郷隊は立派だ。村上隊長は話せる。年は若いが頼もしい等と、上気嫌で気焔をあげていた」「軍民相互理解、民心掌握、戦力増強等、これらのことがすべて遊撃戦強化に直結されていく」と回顧する（同前書）。

一方、宇土武彦大佐率いる国頭支隊は地域有識者らを組織するため、「国頭支隊秘密作戦大綱」を発令。同日、稲嶺国民学校において国頭郡翼賛壮年団・在郷軍人らを集め幹部教育を行った。教育担当者は護郷隊を組織していた中野学校出身者らであり、内容は精神訓話・秘密連絡・防諜等から実戦的槍術・伏撃等。期間は三月一日から七日にかけた一週間であった。

三月十二日、国頭支隊（宇土部隊）の下、稲嶺国民学校で訓練を受けたメンバーの一部

（もしくは全員）で国頭支隊秘密戦機関「国士隊」が結成された。国頭郡翼賛壮年団本部長湖城基章以下団員二八人で構成された彼らの任務は、住民を対象とした諜報・宣伝・謀略・防諜等であった。だが、四月一日の沖縄本島への米軍上陸後、彼らがどのように動いたのかは明らかとはなっていない。

米軍上陸後の四月上旬、伊波《いは》寛一（名護町、二三歳）は名護岳に避難していたとき、国士隊と一緒だったという。伊波は、名護岳では敗残兵の負傷者が多く「湖城さんが『僕らはもう（護郷隊本部がある）多野岳の上に登る必要もないから』ということで負傷兵など看護にあたった」と振り返る。おそらく国士隊は、米軍上陸後は早々と自然解散したと考えられる（『語りつぐ戦争　第三集』）。

次章では、米軍の本島上陸後の護郷隊の戦争について述べる。

護郷隊の戦争

第一護郷隊の戦争

一九四五年（昭和二十）三月二十六日、米軍は慶良間《けらま》諸島への上陸作戦を開始した。第三二軍はこれを予想できず意表をつかれた形となったが、第一護郷隊大隊長の村上治夫は戦局をどう見ていたのだろうか。まずは、第一護郷隊の動きから見ていこう。

多野岳・名護岳

第一護郷隊の第一中隊・第二中隊は多野《たの》岳・名護《なご》岳に配置された。三中鉄血勤皇隊として護郷隊に配属された東江《あがりえ》平之（名護市、一四歳）は名護岳中腹にあった名護御嶽《ナングスク》という拝所付近から「（名護湾を見ると）上陸船艇が七〇艘、三五艘ずつ二列に並んで宮里あたりから宇茂佐あたりの海岸沿いに登ってきた」と回想する。

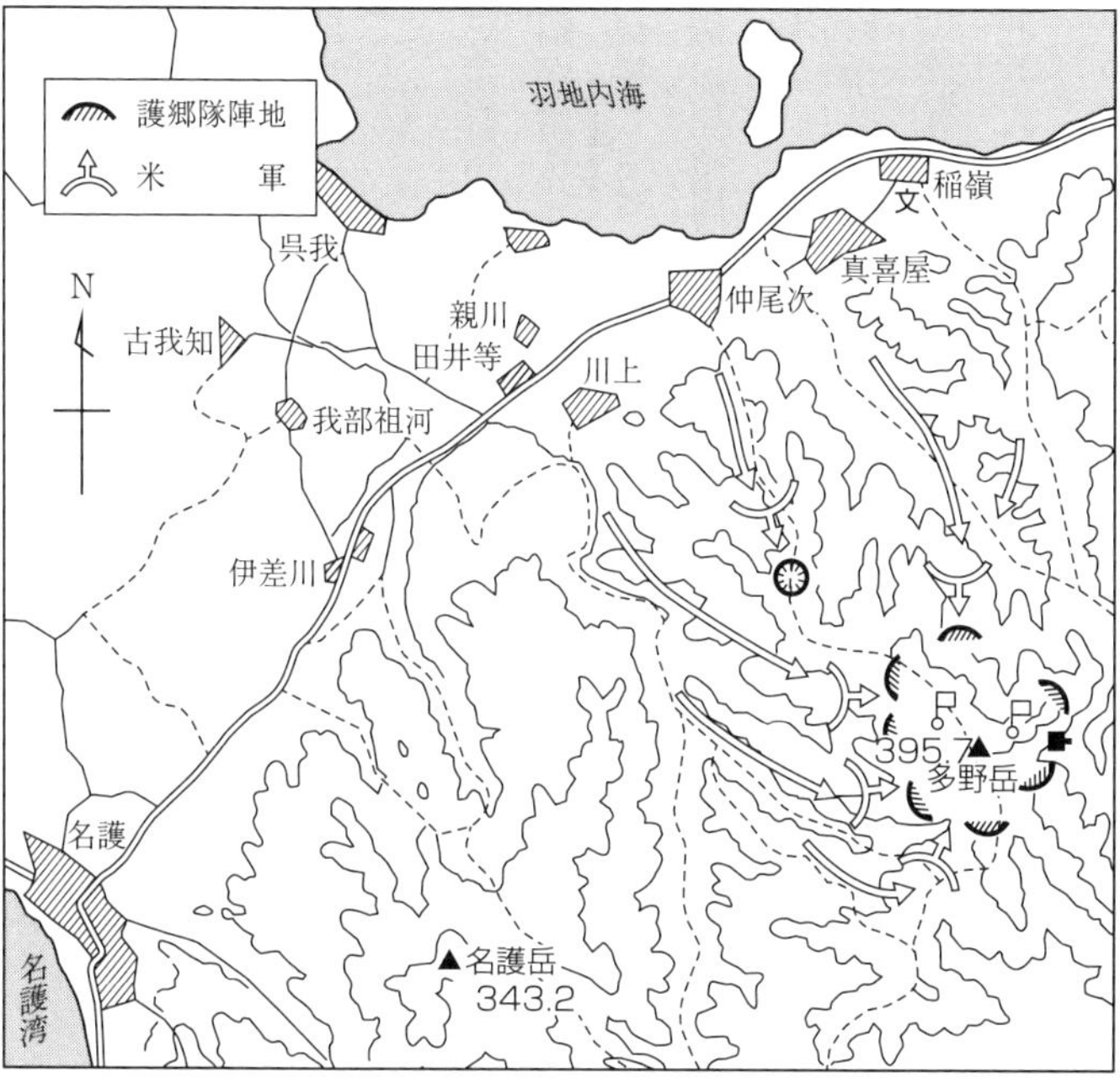

図６　多野岳への米軍進攻および護郷隊陣地図（1945年４月24～25日）
名護市教育委員会提供

四月七日、名護湾に上陸した米軍は、中部読谷村《よみたんそん》沿岸から陸路を北上してきた部隊と合流、沖縄本島から本部半島を切り離すかのように、名護湾から羽地村《はねじ》仲尾次《なかおし》までの南北ラインで遮断した。そして四月九日頃、米軍は仲尾次に近い田井等《たいら》に民間人収容地区の設置を宣言するとともに、多野岳のふもとの集落、真喜屋《まきや》・稲嶺《いなみね》地域にキャンプを設置、真喜屋集落の後方にある多野岳へと照準をあてた。

同じく四月九日、護郷隊の分隊長志伊良《しいら》正善は部下を引き連れ、米軍が近づいてくるのを多野岳陣地のあるキナマタ（地名）で待ち構えていた。そして志伊良分隊と米軍との戦闘が始まった。宮城《みやぎ》正信（羽地村）は「大城《おおしろ》清雄君が一発撃った。そして私に『正信君、交替して撃とう』と言って小銃を渡してくれたので私も一発撃った。ところが敵弾は雨、霰の如く周辺の竹藪の上にプスプスと無気味な音を立てて撃ちこんでくる。志伊良上等兵殿は『一発の弾も無駄にしないよう、百発百中の精神で撃て』と指示してくれる。然し其の余りにも敵弾が烈しく」「志伊良上等兵殿が名誉の戦死を遂げたことが分かり……」（『護郷隊』）。隊員らは一丁の小銃を二人で使用するという悪条件のなか、志伊良正善は戦死した。また、羽地村出身の久場川《くばがわ》徳源、宮城文義、平良文明三人の少年兵も、この戦闘で亡くなった。

大隊長村上治夫は、米軍が駐屯した真喜屋・稲嶺集落掃討作戦を練っていた。近藤重喜は「(米軍は)おそらく国頭方面部隊と名護方面部隊との中継地点として駐屯していたのだろう」と述べている。

真喜屋・稲嶺攻撃

四月十七日午前五時頃、村上治夫の合図で真喜屋・稲嶺集落を一斉に焼き払う攻撃が始まった。不意をつかれた米軍は反撃することもできず、数人の米兵は海岸向かいの奥《おう》武島へと撤退した。村上は、その時の様子を次のように回想する。

さわぎに驚いた敵の右往左往して逃げまどう状況が、指揮所にいて手に取るようにわかる。血気にはやる若人たちは、まるで運動会でも楽しんでいるように、縦横無尽に暴れ廻っていた。初めて射撃することが、少年たちにとつてはお伽話の英雄になつたようで面白いのですネ。引上げる時間がきたというのに、この運動会は止まない。そのうち敵に増援部隊が戦車をクリ出す、飛行機を動員するで、予定の三十分の攻撃時間が一時間にのびて、やつと切上げることができた。散らばつた部隊を収拾するのに一日を費しましたが、子供が見事に大人を手玉にとつたワケで、痛快でした。その戦闘でわが方は十三名(正しくは三名)の尊いギセイを出しました。

(『日本週報』一九五六年七月十日付)

副官照屋規吉は「この戦闘で三名、負傷若干あった。この攻撃で敵に多大の損害を与えた」と述べている（『護郷隊』）。真栄田義召（羽地村、一七歳）は「朝六時くらいから今の真喜屋小学校の山のところから攻撃をしかけたが、下からはアメリカが攻撃して。アメリカは弾もバンナイ（どんどん）、パラパラ（連射）するのに、私らは一発ずつ。私らは三人ならんで頭下げて、隠れており、前に出ていた今帰仁村出身の人たちが殺られた」と振り返った。

比嘉才四郎（前出）は、この攻撃で負傷した一人である。比嘉は「いつの間にか海岸向かいの奥武島近くまで追いかけていた。しかし米兵三人が突然振り向き、逆に撃ち返してきた。その時、知念《ちねん》（盛正）も自分もやられたが、知念はここで死んだ。それで『ここで眠っておけよ』ということで、（遺体を）置いて、今の真喜屋と屋我地島の間の川をあがって逃げた。私は左足と腹をやられた。最初は気づかなかったが、戦友が私を見て『やられている、ズボンを見てみろ』と言ったので、見ると血がダラダラと出ていた。血を泥と勘違いしていた。四・五名に連れられ、手当てに向かった」と振り返る。そして「その時、知念盛正だけでなく、喜久村《きくむら》幸壮、大城幸義も死んだ」と続けた。

真喜屋出身の照屋《てるや》義松（羽地村、一五歳）は「真喜屋、稲嶺はアメリカが上陸した後、民家や小学校も建物が残っていた。村上隊長の『焼き払え』という命令で、我々は夜、多野岳から下りてきて、部落近くで待機、夜明け頃、村上隊長が日本刀を抜いて、『出撃、前へ進め』の合図で火をつけた」「私が一番悔しかったのは自分の家を焼かなければいけなかったこと。焼かなければ戦後苦労はしなかった……。しかし、命令だからどうしようもない。集落の家屋はみんな九〇％が茅葺きだった。私らの火付けで、村中が火の海になって歩けない。消そうとしても次の隊員がどんどん火をつける。どうにもならなかった」と悔しそうに語った。

真喜屋戦車攻撃

五月二十三日頃の深夜、近藤重喜率いる八名は、陸路班と海岸班の二手に分かれ、戦車八輌（一人一輌）の攻撃に向かっていた。新里幸貞（羽地村、一五歳）はその攻撃に参加していた。

近藤軍曹、内地の人。真喜屋に駐屯している米軍の戦車を爆撃しようということで、私は偵察を命じられた。多野岳からひとりで、戦車何台、どこに向いているかとか、私がこれを下調べした。それで八台の水陸両用戦車これを爆破するといって、個人個人に爆弾を持たされて『命取られてもこれを離してはいけないよ』と命令された。私は、五人で八台の戦車の手前五〇メートルくらいに配置された。そうしたら、他の海岸から周ってきたグループの誰かが照明弾の糸に引っ掛かってしまってね。もう真昼間になったわけさ（昼間のような明るさになった）。照明弾が上がったから海岸の方に米軍が銃を持って立っているのが見えるわけさ、米軍が騒ぐのがわかる。それだけで私らはもうオロオロして後退。来た道を隠れ隠れ、かがんだり立ったりしながら帰った。

（『語りつぐ戦争　第三集』）

真喜屋海岸に駐留していた八輛の戦車爆破は失敗に終わった。新里と一緒だった親川和夫（羽地村、一六歳）は「戦車の近くまで来たものの手榴弾と爆薬を落としてしまい、その手榴弾と爆薬を持ち帰らないと叱られるので、その手榴弾と爆薬を捜している間に、逆に米兵に手榴弾を投げられ、右足の大腿部を怪我した」と述べる（『少年護郷隊』）。

護郷隊員らは「青年兵」という一人前の兵士として戦場へ送り出される一方、その戦闘ぶりは、敵陣の騒ぎにオロオロしたり、上長に叱られることを恐れる少年たちでもあった。

近藤重喜は「作戦上、別の場所に配置した少年たちが『淋しく頼りないので班長と一緒に……』と配置されたところから戻ってくる」。また、「米軍が近くを通りかかったので伏せると、しばらくすると鼾をかいて寝てしまう隊員たちもいた」と振り返る（『古希記念我が人生に悔いなし（戦中編）』）。

いくら厳しい訓練を受けても、戦場という張り詰めた空間のなかでは、体力的にも精神的にも限界があり、青年兵らはごく普通の少年たちだった。

伊差川砲台攻撃

米軍は、野砲を数箇所に設置。その砲身は八重岳や多野岳を向いていた。村上は、そのひとつである伊差川砲台を攻撃するよう命令、その任務を志願したのは八名の三中鉄血勤皇隊だった。そのひとり山川元亮（名護町、一六歳）は次のように述べた。

首藤軍曹から爆雷の扱い方を教育された。箱に黄色火薬を五キロ入れて信管を外してやりなさいと徹底的に教わった。教育が終わってから爆雷を毛布に包んで洋服も私服に着替えて乾麵麭《カンメンポウ》（備蓄食糧、カンパン）を持たされて五キロの黄色火薬を担いで行った。五時ごろ多野岳から降りてだいたいの情報は頭に入れていて、我々がやるんだと意気盛んで簡単に出来ると思っていた。それどころではない。最初に状況を偵察に行った三人の一人、仲宗根《なかそね》郁秀が一発で殺られた。本部町出身の同級生だった……。それからは爆雷を早く捨てたいという気持ちと仇打ちしたいという気持ちで米軍の伊差川砲台に向かった。

一人が砲台周囲に張りめぐらされた電線に引っ掛かり米軍に見つかってしまい一斉

射撃された。目の前を弾がガンガン飛んできた。田んぼの窪みに伏せてジーっとしていたが、心臓がドキドキするのと足もつるのとで、体が動かなかった。

（『語りつぐ戦争　第三集』）

他方、四月十六日から四月十七日未明にかけ、八重岳にいた国頭支隊（宇土部隊）は、第三二軍と交信していた無線機を、米軍に押収されないため破壊、埋めるとともに、多野岳をめざして撤退し始めた。五日後の四月二十一日、彼らは飲まず食わずの極限状態で多野岳になだれ込むようにやってきたという。

敗残兵入るべからず

小隊長瀬良垣繁春は「多野岳にはたくさんの日本兵がなだれ込んできた。なかには兵器とか弾薬とか食糧、強引に番をしていた青年（少年）兵らを引っ叩いて持ち去って行った。本部陣地は大騒動だった。村上さんが怒って『敗残兵入るべからず』という立て看板を山中のあちこちに立てた。それを見た宇土部隊は怒っていたが、こっちは長期作戦で貯めていた食糧。それを無理やり盗ったり、いろいろやるもんだから……」と述べている。

村上治夫の『沖縄戦秘史』（前出）には、村上の感情をよく表している箇所がある。少し長いが引用する。時期は四月頃と考えられ、抹消線は村上自身で引いた箇所である。

三日四日に掛けて中頭地区より脱走し指揮系統も何も乱れた兵隊が国頭地区に逐次

多くなって来た。もう既に彼等は戦意を喪失している。全然歎かわしい次第だ。彼らだけなら取り締まりもつくけれども彼等の言動の地方人に及ぼす影響は甚大である。地方人の中では我々に何とかして下さいと歎願して来る人もある。

可愛い我が子を我が兄弟を戦地に送っている人々にとって否皇国民である以上その様な姿を見た時誰一人として歎かないものはないだろう。何たる態か、これが皇軍か、これが予が描いていた中頭地区我らの勇士かと思うと情けない。陣地を一巡して廻るとこういう者にぶっ突かる。防衛隊が一番多い。戦斗意識に代わる家族を思い之を探し出そうとする努力……。

何も訓練され教育されたことの無い兵隊だといっても余りにも意気地がなさ過ぎる。凡《およ》そ日本人の執るべき態度であろうか。俺は其の指揮官を恨む。青年兵の純な戦斗意識の中にこんな状況を入れることを極度に警戒した。

総《すべ》て厳然たる態度で臨んだ。然し青年兵の中でも若干ひびの入った者も出た様だ。更に軍紀を振作しなくてはいけない。各隊に注意を興った。（略）

或る部隊の如きは民家の人が山に避難して居る機会に硬く侵入をして食糧を盗み喰い揚句は大事な山羊等を絞め殺して喰っているのも認めた。それも一つ二つなら事件も簡単に片付け（られるが、）幾ヶ所でも行われている。残念だ、軍刀を引き抜いて斬りつけたい衝動を起こしたが前非を悔い謝るのに会うと斬る気にもなれない。（略）

避難民は益々増えて来た。最初の計画ももう既に過ぎて約二倍の民衆が入っている。それに大元を取り締まらねばならぬ地方事務所の機能は停止しているので迷える民衆は何を頼りに行動して良いやらさっぱり分からなくて右往左往して、更に混雑は激しくなる一方だ。全く官吏という奴は腰抜けで責任観念の無い者供秤《ばか》りだ。

（句読点とルビは筆者）

宇土部隊の多野岳放棄

多野岳の護郷隊陣地周辺は日本兵や避難民が入り混じり右往左往するという、まさに混乱状態だった。敗残兵が通る道はいつしか大通りとなり、せっかく茅や枝で隠してあった秘密陣地も目立ち始めたという。

四月二十三日、村上は菅江敬三中隊長に留守を任せ、米軍陣地となった第三中学校の偵察に向かった。翌二十四日、多野岳は米軍の集中砲火を浴び、菅江を含めた数名が戦死した。「戦死者名簿」（『護郷隊』）によると四月二十一日から二十五日にかけ多野岳で戦死した少年兵は大城亀盛、国吉《くによし》半蔵、高良《たから》松三、屋比久《やびく》松雄、前田正幸、大城利雄、嘉陽《かよう》弘、諸喜田《しょきた》副勝らである。屋比久松雄については後述する。

同じく二十四日、宇土武彦率いる約三〇名は砲弾に耐えきれず、さらに山深い国頭山中をめざし撤退した。偵察から戻ってきた村上は「皇軍とはこんなものだったのか全く宇土部隊たるや何とだらしない部隊なのだろうか、全く情けなくなる」（『沖縄戦秘史』）と、当時の心情を吐露する。

では、さらに奥深い山中へ敗退した宇土部隊は、どのような行動をとったのだろうか。護郷隊員だった諸見里《もろみざと》安盛（羽地村、一九歳）は宇土部隊の道案内を命じられていた。

宇土部隊の幹部を道案内するように言われた。宇土部隊の隊員三〇人ぐらいと看護婦（実際に看護婦かどうかは不明）四人がいた。多野岳から山沿いを下って三原まで行った。そこから大湿帯を通って有銘に行き、そこからさらに北の高江まで行った。高江分校（本校・川田国民学校）に泊まった翌日、分校で米軍に身動きできないくらいジャンジャン撃ち込まれた。そこで何人か死んだ。高江よりも北には進めない状況になって、私たちは慶佐次の川の上流まで戻り、そこで一ヶ月くらい過ごし、私は羽地に戻ることになった。

彼らは奥（区）から内地に渡るつもりだった。「一緒に内地まで行こう」とまで言われた。

敗残兵となった宇土部隊はいくつかのグループに分かれて北部山中に潜伏していた。その一部の敗残兵グループは大宜味村渡野喜屋《おおぎみそんとのきや》で食糧強奪を目的に、米軍の捕虜となった住民らをスパイ容疑にかけ、男性数名を木に縛りつけたまま虐殺。八〇名とも九〇名ともいわれる女性や子どもたちは砂浜に並べられ手榴弾を投げられたという。体験者である仲本政子（読谷村、四歳）は「生き残った人は何名くらいかな、十五人は生き残ったかもしれない」と振り返る（名護市史編さん委員会『名護・やんばるの沖縄戦』）。この渡野喜屋事件は米軍資料にも記述されている。

多野岳から首里まで伝令

宇土部隊が撤退時に無線機を破壊したことはすでに述べたが、その代償は護郷隊員らに降りかかってきた。軍隊は常に互いの戦況を軍司令部へ伝えることが義務付けられている。村上治夫は第三二軍司令部に国頭支隊全滅状態という状況を知らせること、新たな作戦暗号書及び無線機を受理することを目的に、首里にある第三二軍司令部まで護郷隊員らを伝令役として任命したのである。

平良《たいら》専勝（本部町出身）は「五月十二日の正午頃、大隊本部付松田小隊の隊員の岸本、金城、崎浜《さきはま》、具志堅《ぐしけん》、並里、平良が呼び出されて六人が集合した。大隊長（村上）の命令で、首里の軍司令部へ連絡の重任が命ぜられ、陸上の突破が困難のため、海上から決死隊としての大任を命ぜられた」と回顧する。平良は翌日、久志《くし》村のカヌチャでクリ舟を調達、そこから南部に向けて出発したと述べている（『護郷隊』）。

並里郁夫（本部町、一七歳）は「カヌチャから沖縄本島の南部、知念海岸めざして舟を漕ぎだしたが、今の辺野古《へのこ》崎（キャンプシュワブ米軍基地）沖に浮かぶ長島・平島まで行くと海にたくさんの米軍艦が居座っていた。最初の目的地である浜比嘉《はまひが》島までも着くことができず、一時は平島に戻り、もとのカヌチャまで戻ってきた」と述べる。並里はカヌチャまで戻ると、浜辺に敗残兵らがおり、彼らに「南部まで連れて行ってくれたら、エンジン付きの舟を調達する」と懇願され、敗残兵も一緒に乗り込んで再び、知念海岸をめざしたという。そして村上から命令を受けて九日目の五月十八日頃、知念海岸に到着すると、一緒に乗り込んでいた敗残兵は姿を消し、翌日、並里らは砲弾が降りしきるなか首里城地下にある軍司令部へと向かった。

並里は「やっとの思いで軍司令部までたどり着いた（五月二十二日頃）。私は二等兵なので壕の中に入ることもできず、隊長（諸喜田兵長）が司令部壕から出てくるのを外で待っていた。そして報告がすむと西海岸経由で知念まで行き、やんばるのカヌチャをめざして隠してあったクリ舟を探しだし、櫂を漕いだ」と振り返る。

カヌチャにたどり着いた並里らは、五月二十四日多野岳まで登り、村上治夫に任務達成と南部の戦況を報告した。村上は戻ってきたことが信じられずに感銘したと回顧している。その後、並里は「今度は米軍への斬り込みという命令があった。もうやっていられない。同郷の友人たちと本部半島を海岸沿いに故郷へもどった」と述べている。

タナンガ山（三〇二高地）の戦闘

本部半島のタナンガ山では木下忠正少尉（中野出身）率いる第三中隊が配置されていた。比嘉文雄（前出）は、木下のことを「血気盛んな若者だった」と回想する。

タナンガ山に配置された多くの少年兵たちは久志村出身者であり、彼らにとってタナンガ山は地の利を知らない陣地だった。

タナンガ山では護郷隊と三中鉄血勤皇隊が別々の場所に配置されており、遭遇することはなかったという。三中鉄血勤皇隊の宮里《みやざと》松正（本部町、一七歳）は四月十一日頃、「（米軍の）自動小銃のリズミカルな発射音に混じって、しきりに（対戦する護郷隊の）単発銃の鈍重な発射音が聞こえてきた」「木下隊長が重傷を負い、護郷隊員の中にも多数の死傷者が出た」との連絡が入り、護郷隊も三中鉄血勤皇隊も八重岳《やえだけ》に移動することになったと述べている（宮里松正『三中学徒隊』）。

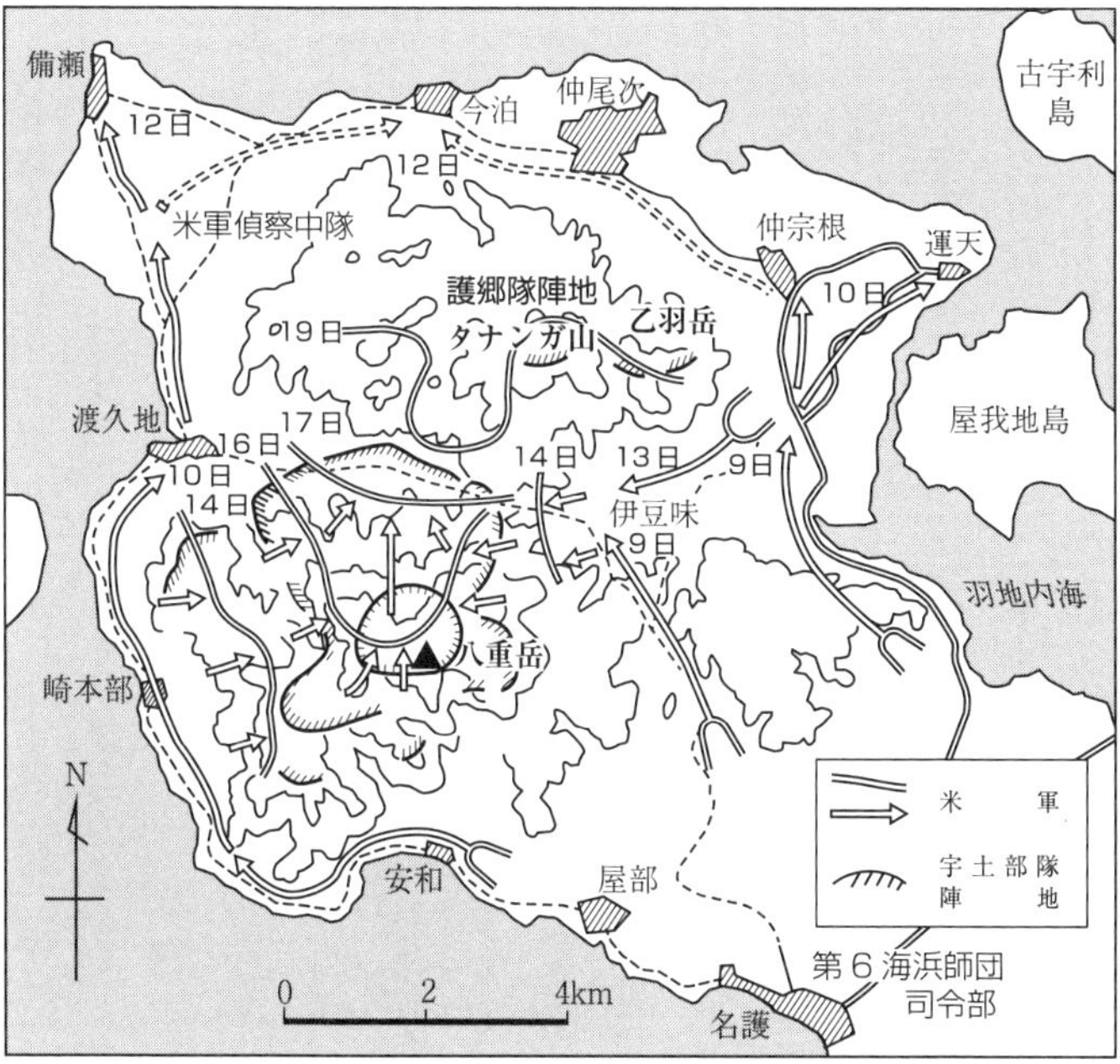

図７　本部半島における米軍進攻経過図（1945年４月９～19日）
名護市教育委員会提供

護郷隊員の松田正弘（本部町、一七歳）は「タナンガのタキンチジでの戦闘は一日だけであった。そこでひどくやられて、戦力のほとんどを失ったので八重岳の宇土部隊と合流するために、タナンガから撤退してヤマシンカをぬけて八重岳のチナダガーに行った」と述べている。同じく護郷隊員の徳村《とくむら》政一は「中隊の指揮班と第一小隊はほとんど全滅」「岸本伍長は南方帰還兵の勇士で、自己小隊の軽機（軽機関銃）を自分で取り、腰だめ射撃で敵中に進撃して壮烈な戦死を遂げた」。「遺体収容班を編成し」たが「全員の遺体収容もできず」「夜間を利用して三〇二高地（タナンガ山）を後にした」と語った。タナンガ山は見る影もなく、赤肌を晒していたという（『護郷隊』）。

比嘉文雄は、護郷隊は米軍との交戦前日「『靖国で会おう』を合言葉にみんなでお酒を呑んでいた」と振り返る。比嘉は「四月十二日米軍の攻撃が始まり、歩くのがやっとの金城廉武が右の親指とお腹をやられ、担いで多野岳まで行こうとしたがそのまま亡くなった」「通信兵だった大城幸仁、徳本《とくもと》時雄は八重岳撤退時に亡くなった」「私は銃を持っておらず、帯剣だった。前方から敵に撃たれた隊員が後退してくる。頭を撃ち抜かれた者や手足をやられた者、負傷もさまざま」と述べた。そして「宮城照源軍曹が足をやられ、担いで連れて行けずに放置してしまった。だが八重岳の野戦病院に自力で歩いて来ていた」と続けた。宮城の戦死日は四月十八日、場所は八重岳の野戦病院と戦死者名簿には記されている。宇土部隊が八重岳陣地を放棄したのが四月十六日から十七日未明にかけてのことであり、撤退時に動けない傷病兵は、手榴弾と備蓄食糧の乾麵麭《カンメンポウ》を持たされていたことが判明している。宮城照源は自決、もしくは米軍の手によって戦死した可能性が高い。

松田久昌（久志村、一九歳）もタナンガ山から八重岳に撤退した様子を次のように述べていた。

三〇二高地（タナンガ山）は、すでに米軍に包囲されていました。一時間ぐらいの戦闘で、稲嶺分隊長、金城廉武小隊長以下十七名の犠牲者を出しました。米軍にはこちらの配備体制がわかっているようでした。三〇二高地はやられてしまい、そこから真《ま》部《ぶ》山の宇土部隊と一緒になりました。僕らは真部山の最前線に送られ、今考えると僕らは標的だったとしか思えません。第三中隊は百名ぐらいで、宇土部隊も相当いました。兵器は七名に四つしか鉄砲がないんです。他は竹ヤリ等です。真部山での戦闘は大きいものでした。死ぬか生きるかの瀬戸際でした。米軍が来ると白兵戦もやりました。（略）真部山で全滅してから、第三中隊の残っている者だけで、負傷兵も四、五名で担いで、真部山から伊豆味を越えて、羽地の薬草園を通って、多野岳までおよそ一週間かかりました。　（名護市『語りつぐ戦争　第一集』）

八重岳に撤退した翁長《おなが》久雄分隊では、当銘《とうめ》護郷隊員が側面より撃たれ戦死。翁長自身、大腿部に重傷を負い出血多量で戦死した。翁長分隊は壊滅状態だったという。生き残った護郷隊は宇土部隊の配下となり多野岳へと向かった。

比嘉文雄は「実際に配置された戦場では兵士三〇〇名に対し銃はおよそ三〇丁だった。銃が少なかったから、大きい人に持たせた。それで戦闘で戦死したら、その兵隊の銃を弾ごととって、次の人に移していた」と兵器不足のなか、米軍の標的になっていたとも述べている。

多野岳にたどり着いた髙江洲朝輝は、隊長村上治夫に「十四日、（タナンガ山を）撤収して八重岳の方に移りましたが、早速第一戦に出されて壕も何も掘っていない所で防戦しました」と報告している。村上は八重岳・真部山での戦闘の様子を宇土部隊の「継子いじめ」と憤りを隠さない（『護郷隊』）。

タナンガ山に配置された少年兵らは「地の利を知らない」だけでなく、あまりにも無防備な状態で最前線に立たされ、犠牲となった。タナンガ山及び八重岳・真部山付近で亡くなった護郷隊員は三七名である。久志村出身者の護郷隊員戦死者は総数二三名だが、その内の二一名はこの戦場で亡くなった。

久志岳の戦闘

久志岳に配置された竹中素少尉（中野出身）率いる護郷隊（第四中隊）は、若干の本部町出身者を含む金《きん》武村出身（現宜《ぎ》野《の》座《ざ》村含む）の少年兵が配属されていた。少年兵らは三月二十四日から二十六日にかけ、久辺国民学校から久志岳中腹に掘った横穴式の食糧貯蔵庫まで六〇キロの米俵を片道四キロメートル、一日に四度も往復しながら運んだという。

多野岳と同じく、久《く》志《し》岳でも背の低い少年兵が斥候を命じられていた。宜野座村に住む津波古徳一（一七歳）は「訓練終わって久志岳にのぼった。向こうに行くと、背が一番小さい五人くらいが銃をとられて、金武村の米軍を偵察してきなさいと言われ、洋服（軍服）もとられ、着物をつけて向かった。米軍部隊から離れた百メートルくらいのところから木に登ってこんなこんな（左右確認）して見ていた」と述べる。

また、護郷隊は、米軍の進路を塞ぐために橋の爆破も行っていた。比嘉賀学（宜野座村、一六歳）は「米軍上陸のとき、私ら五人で西《にし》銘《め》橋を通って、ウチンダ橋を壊しに行った。西銘橋の前に潟原《かたばる》のビシダ橋という橋があるんだけど、この橋の前に人がいて、アメリカーがここにいるから気をつけろというんだけど、分隊長は聞かず

図８　久志岳（左）と辺野古岳
現在キャンプシュワブの訓練施設.

にね、橋の欄干のところに行ったら、米軍に殺された。浜からきた二人も米軍がいることがわからず、この二人も殺された。その後、爆弾を担いで二〇キロ爆弾に信管を入れて、ひも（導火線）をつけて、『はい』と火をつけ、一〇〇メートルくらい走って逃げた。すごい爆風の勢いだった」と振り返った。

殺された二人とは、分隊長の伊芸《いげい》光和伍長（金武町）、仲田《なかだ》誠一軍曹（宜野座村）だと考えられる。仲地《なかち》良松（宜野座村、一八歳）は「潟原に何モノかを米軍が集積していたんですよ。斥候に行って来いという命令がでたので、指揮班の隊長と私たち十七、八人で夜、潟原に行ったんですよ。ヒージャーガー（川の名前）を渡ろうとするときに、米軍の機関銃攻撃を受けたんですよ。その時、先頭にいた仲田軍曹と伊芸伍長が殺られたんです。伊芸伍長はすぐ倒れて、私らは伍長を担いで陣地まで戻りました」と述べている。その様子は石川晶（金武町、一六歳）も覚えており「伊芸光和は胸のみぞ（みぞおちあたり）に弾があたった」と振り返った。また、石川は「（私たちは）銃を持っている人は二〇人くらいで全員は持っていなかった。毎日、交代交代しながら夜間攻撃をやっていた」とも述べている。

米軍は金武村屋嘉《やか》、伊芸集落あたりに到達すると、第二護郷隊が潜む恩納《おんな》岳に戦車砲を浴びせる一方で、漢那《かんな》国民学校を占領し、金武集落あたりで飛行場建設を始めた。第四中隊の少年兵らは、米軍の陣地となった漢那国民学校への夜襲攻撃を行った。

宮城亀太郎（宜野座村、一八歳）は「旧漢那小学校があったところ、そこに幕舎が張られた米軍の陣地があった。夜中、山の土手から軽機関銃で攻撃しようとしたら、逆に米軍に見つかってしまい攻撃を受けた。その時に本部町出身の人（仲宗根善一と考えられる）が胸から首のところを貫通する重傷をおった」と述べた。同じく漢那攻撃に参加した上原俊夫（本部町、一七歳）は「仲宗根善一（本部町）は、自分のすぐ隣りでやられたからね。私は間一髪で大丈夫だった。仲宗根は久志岳にみんなで運んで、止血して手当てした」と振り返った。衛生班の仲地良松もその時の様子を「仲宗根善一が、喉から脇の下へ弾が貫通するという重傷をおった。何とか血は止めた。それから鉄砲に彼を縛り、二人で惣慶山《そけいやま》まで逃げ、隠した」と述べた。その後も仲地は、仲宗根を置き去りにすることなく看病したという。仲地は「戦後、仲宗根は感謝の意を込めたんだろう、私に手づくりの簞笥を贈ってくれた」と振り返った。

第四中隊の解散

第四中隊の解散時期は、はっきりとはしない。元護郷隊員らは「竹中素隊長は、物静かでおとなしい人だった」と述べている。同じく第四中隊の石川晶、津波古《つはこ》徳一は「食糧もなくなったので解散が命じられたと思う」と振り返る。石川は「最初は食糧もあったけど、どんどん食糧も減ってきて、一食ピンポン玉ぐらいになっていた。あばら骨をつかむことができるくらい痩せていた。我々の陣地のそばに中南部の兵隊がたくさんきていたが、食べるものがなくて倒れていて、翌朝死んでいた。自分たちも何もないからあげることもできなかった」と回想した。

第四中隊は解散後、竹中隊長と本部村出身者らは、久志村三原《みはら》にあった伊波興栄分隊長の家にしばらく潜んでいたという。そして金武村出身の護郷隊員らはそれぞれの出身地同士で故郷にもどった。彼らは故郷に近い久志岳に配置されたことで、他の中隊と比べ多くの戦死者がでるということはなかった。

だが、故郷へ帰る途中で戦死した少年兵もいた。

比嘉賀学（宜野座村、一六歳）は「解散後、宜野座村の松田で日本軍が米兵一人を負傷させた。その翌日、米兵の山狩りが行われ、私は隠れることができたが、謝花《じやはな》朝功（宜野座村）、島袋《しまぶくろ》巌（宜野座村）は逃げた」と振り返る。

戦死者名簿には「謝花朝功、六月二〇日：許田東側」「島袋巌、五月二九日：宜野座山」と記されている。解散後、米軍から隠れきれずに逃げだした二人は故郷を目の前に戦死したと考えられる。

潜伏という名の解散

護郷隊の各陣地が米軍によって追い詰められていた五月下旬、第三二軍は首里城地下にあった司令部壕を放棄、南部の摩文仁《まぶに》へと向かっていた。六月二十三日には牛島満司令官と長勇参謀長が自決、沖縄における組織的な戦闘は終結した。だが、各地で戦闘は続く。司令官不在のなか、村上治夫はどのように動いたのだろうか。

多野岳の東側、一ツ岳に剣隊という隊長北一郎（中野出身）率いる特務隊が潜んでいた。彼らの任務は大本営へ直接、戦況を送ることである。そのため、南部の摩文仁に陣地を移した第三二軍とも一日に数回、交信を取っていたと考えられ、牛島満司令官・長勇参謀長の自決は、北部の山中でもすぐに知ることができたという。第一護郷隊の副官照屋規吉も「六月二三日の司令官の自決は無線で知っていた」と述べている。さらに照屋は「その玉砕を知った上で大本営からは『全滅してもあと一年、後方かく乱せよ』との命令を受けていた」と続けた（『少年護郷隊』）。

村上治夫は、牛島満司令官の自決を聞いて、七月一日をもって米軍への斬り込みを決断したと回想している。村上の元へ戻っていた第四中隊長竹中素と第三中隊長木下忠正は、前日（六月三十日）「いよいよ生きているのも今夜限り」「ダイナマイトの梱包を枕にし、澄み切った夜空の満月をじっとながめ、いつまでも黙り込んでいた」という（『陸軍中野学校』）。中野学校出身者らにとって村上の決断に逆らうことは考えもしなかったのであろう。だが、沖縄出身者の基幹要員らは違っていた。

分隊長の山川文雄は「六月二五日頃、村上隊長は、大本営発表によって第三二軍主力が玉砕したことを知り、七月一日を期して全員決死の総攻撃決行を決心し、各隊に攻撃準備を命じた。然し、三〇日に至って、上地一史報道記者や、照屋副官の意見具申を聞き入れて」「総攻撃中止の苦しい決断をした」と振り返る（『護郷隊』）。また、小隊長の瀬良垣繁春も「村上さんは七月一日に全員決死の総攻撃を決心していた。しかし、私たちが、それは護郷隊の任務ではないはず、いま死んでは元も子もない、やめましょう、と説得した」と回想する。その後、村上は「七月七日頃、『隊本部並に各中隊の一部は指揮連絡の中枢となる為山中に残留潜伏、地元出身隊員は各出身町村に帰り秘密遊撃戦の基盤を作るへし』という命令を出し」た（同前書）。

村上は陸軍中野学校出身者を山中へ潜伏させ、護郷隊員らを、次の遊撃戦に備えるための基盤づくりとして故郷へ帰した。護郷隊員らは民間人収容地区で暮らす家族の元へ「潜伏」という名の下で帰ることになったのである。そして彼らは、今度は家族を養うべく村共同の畑を耕しながら、米軍食糧を盗むという、いわゆる「戦果」をあげる日々を送った。

八月十五日、敗戦を迎えることで護郷隊員らは二度と召集されることはなかった。

第一護郷隊は『護郷隊』（護郷隊編纂委員会）を刊行しており、そのなかに戦死者名簿が記されている。その名簿を見ると、第一護郷隊は六一〇名中九一名が亡くなっている。出身別で見ると今帰仁村一二名、本部町一五名、羽地村（現名護市）一六名、名護町（現名護市）一〇名、久志村（現名護市）二三名、金武村九名、恩納村五名、本土一名である。本土一名は菅江敬三少尉である。

のちに村上は、陸上自衛隊幹部学校で少年兵の離脱の様子を次のように述べている。

隊員脱落の大きな原因は家族が近くに居たことで、親兄弟が目の前に居ては戦闘ができないものである。（略）

隊員の離散状況は

四月一日　　七〇〇名（当初の第一護郷隊の人数）

五月一日頃　三分の一脱落

七月一日頃　当初の三分の一に減少

八月十五日　八名に減少

（「遊撃戦闘に関する村上大尉の回想」〈「沖縄戦史32Aを中心とする日本軍の作戦　付録」陸上自衛隊幹部学校・昭和三十五年十月〉より）

離脱した少年兵

前述した『護郷隊』の戦死者名簿を見ると、一九四五年四月末の時点で戦死者数九一名中六六名（七三％）の少年兵が亡くなっていた。すでにこの時点で護郷隊存続の危機的な状況に陥っていたと思われるが、第三二軍壊滅後も続けなければいけない護郷隊の戦争は、終わることがなかった。

五月一日頃の離脱は、多野岳に敗残兵が押し寄せ、村上治夫が「敗残兵入るべからず」の立て看板を設置した後のことであり、村上が「青年兵の中でも若干ひびの入った者も出た様だ。更に軍紀を振作しなくてはいけない」と感想を漏らした数日後のことである。後述するが恩納村出身者の少年兵らが離脱した頃でもある。

七月一日頃の離脱は村上が「全員斬り込み」を決行しようとした時期である。前述の本部町出身の並里郁夫らが「やってられない」と故郷に戻ったのもこの時期だと考えられる。八月十五日の八名は、数名の分隊長を含めた陸軍中野学校出身者と考えられる。村上は七月七日に、「潜伏」という名の「解散」指示をだしていることから、少年兵はほとんど残っていなかったのであろう。

桜挺進隊の発足

四月十六日、宇土部隊が自らの無線機を破壊したことで第三二軍と連絡が取れなくなり、村上治夫が平良専勝を含む六人の護郷隊員を首里へ向かわせた（五月十二日頃）ことは前述した。

一方、第三二軍もその状況を打開するため、無線機の復活を目的に第三二軍情報班にいた浦田國夫（俣一）、岡幸夫（六戊）を含めた七人が、すでに北部へ向かっていた。浦田國夫を隊長とした、その部隊を桜挺進隊と呼ぶ。

後述するが浦田國夫、岡幸夫、林三夫（俣一）の三人は新たに配置された離島残置諜者から送られてくるであろう情報を収集する任務に就いていた。だが、一方の離島残置諜者には、無線機は持たされておらず、彼らが頼りにしていた電話機などが置かれた郵便局が空襲によって焼失したことで、浦田ら情報班の役割は終えていた。そこに北部への伝令役が与えられたのである。

四月二十日、浦田・岡らは首里城の地下にある第三二軍司令部から与那原へ出発。林三夫は、その援護に師範学徒隊二〇名を引き連れ、一緒に同行した。林はその帰り道、米軍の艦砲射撃を受け戦死した（『俣一戦史』）。

四月二十六日、与那原から出航した浦田國夫率いる桜挺進隊は、大浦湾スギンダ浜（現キャンプ・シュワブ米軍基地近く）に上陸。竹中素（第一護郷隊第四中隊）の陣地がある久志岳までやってきた。だが、無線機を復活させることはできず、五月八日、浦田國夫は北部の戦況を第三二軍本部へ報告するため、陸路と海路に分けた二つの班で首里へと向かわせた。陸路をとった岡幸夫らは途中、恩納岳に登り第二護郷隊の大隊長岩波寿から戦況報告を受け、屋嘉《やか》（金武町）からクリ舟で浜比嘉島へと渡り、同島で海路班と合流。五月十四日に第三二軍司令部にたどり着いたという。村上が派遣した平良専勝ら六名が首里へ着いたのが五月二十二日頃のことであるから、護郷隊員らが首里に到着した頃にはすでに第三二軍は北部の戦況をある程度は把握していたことになる。

軍参謀長の指示

桜挺進隊から北部の戦況を受けた第三二軍は、岡幸夫に「軍参謀長の指示」を持たせ、再び北部戦線に向かわせた。岡は木村兵長（部署不明）と一緒に海路で屋嘉へ上陸したが、その際に米軍の攻撃を受け戦死した。岡の代行役となった木村兵長は「軍参謀長の指示」を懐におさめ、久志岳で待機していた浦田國夫へ手渡したという。

その後、浦田は村上治夫へ「軍参謀長の指示」を届けるため、多野岳に向かっている。「軍参謀長の指示」の内容は、国頭支隊長宇土武彦を解任させ、国頭支隊は第二護郷隊とともにいた青柳時香中佐の指揮下に入る、という命令書だった。浦田は村上に内容を確認させたあと、再び「軍参謀長の指示」を懐におさめ、東村慶佐次《げさし》の山中に潜んでいた宇土武彦を探し出し、それを直接手渡したという。敗戦が間近に迫った六月十五日のことである。宇土は狼狽し第三二軍に伝えてほしいと浦田に電文（弁明書）を手渡したが、浦田は電文を打つことなく、宇土武彦のところに戻ることはなかった（森杉多『空白の沖縄戦記』）。村上治夫は、その後戦死した菅江敬三の代わりに浦田國夫を第二中隊長に任命したのである。それまで菅江の代役だった瀬良垣繁春は「私が中隊長代行だったが、浦田さんが来てくれて代わった」と述べている。

離島残置諜者の情報収集役だった浦田國夫・岡幸夫・林三夫の三人は、新たに桜挺進隊として戦場を駆けめぐっていた。浦田國夫は、ただひとり終戦を迎えた。

浦田國夫らが桜挺進隊として戦場を駆けめぐっていたころ、第三二軍司令部参謀部情報班に残った陸軍中野学校出身者は、村上治夫と同じ三乙期を卒業した広瀬日出生中尉ただひとりだった。広瀬は沖縄着任と同時に第三二軍司令部に残り、鉄血勤皇隊の指導等にあたることになっていたという。しかし、『陸軍中野学校』（中野交友会）では広瀬の配属は薬丸兼教参謀の補佐役となっており、その痕跡は「六月三日戦死」と判明しているだけで、具体的な動きは明らかではない。

村上治夫の終戦

村上治夫は、近藤重喜や警察官浜川智弘とともに、いくつかの場所を転々としながら名護岳の裏側にあたる東江原山中に落ち着いた。浜川警察官は、護郷隊と一緒になって偵察や破壊工作を行っていたと考えられ、三人は、そこで日本が敗けたことを知った。村上治夫は「目標を設定して偵察をし、攻撃資材の整備を進めている時、八月十五日突如として終戦の詔勅を聞き部隊を解散した」と述べている。

だが、彼らは山を下りることなく元護郷隊員等から食糧を提供してもらったり、浜川が密造酒を調達したり、米軍食糧倉庫等に忍び込んでは戦果を上げていた。村上治夫は愛楽園（屋我地《やがじ》島、国立ハンセン病療養所）では早川園長宅にかくまってもらったという。しばらくして、剣隊の若島啓次も訪れるようになり、村上は「彼は巧みに米軍の倉庫係として、潜入し食糧調達に大いに役立ってくれた」と述べている（『武家の商法』）。

米軍は、捕虜となった日本兵を使い、村上らに対して下山勧告を何度か行っている。村上は「同期の戦車隊の田川昇氏一行」が来た時、「近藤軍曹激怒して、『断じて山は下りない』と拳銃一発空に向かって発射。彼らを追い返した」と回想する（同前書）。しかし米軍はあきらめずに、下山勧告を続けた。

一九四六年（昭和二十一）一月五日、村上治夫は下山勧告にやってきた米兵将校と通訳の比嘉に対し、武装解除する条件として、①戦死した護郷隊員たちの遺髪を両親のもとに帰したいので、じゃまをしないでくれ。②沖縄で骨を埋める覚悟であるから土地を提供せよ。③武装解除後はシビリアン（市民）として取り扱え。と要求したという。通訳の比嘉は米兵将校に伝え、将校は了承。三人は下山した。だが、米軍将校は条件を守らず、武装解除した村上、近藤を日本兵専用の屋嘉捕虜収容所に入れ、のちに本土へ強制送還している。

通訳の比嘉とは誰なのか。近藤重喜は、若島啓次も一緒にしばらく暮らしていた頃、三人で「一、軍隊用語を使わないこと。二、通称名を使用すること。三、三人は平等の責任と義務を持つこと。四、右違反した場合は、罰則として炊事当番に当たること」を決めたという。その中で、三人の通称名を「村上治夫は山中鹿次郎、若島啓次は比嘉一郎、近藤重喜は運天進」と述べており、運天進という偽名は「天に運を任せて最善を尽くす考えで付けた」と、回想する。

村上・近藤に通訳として投降を促した比嘉とは若島啓次だった可能性もある。

第二護郷隊の戦争

出身地別に編成

前述したように、第二護郷隊は国頭《くにがみ》村・大宜味《おおぎみ》村・東《ひがし》村の少年、そして選抜された中南部の少年たちを召集していた。恩納《おんな》岳及び周辺の地の利を知らない少年たちである。

第二護郷隊大隊長岩波寿は、国頭村を第一中隊（中島寛中尉、のち姓大島）、大宜味村を第二中隊（松崎正行少尉）、東村を第三中隊（畑友迪少尉）へと配属した。そして中部から召集した少年たち、具志川《ぐしかわ》村・美里《みさと》村を第一中隊、越来《ごえく》村と北谷《ちゃたん》村を第二中隊、読谷《よみたん》村を第三中隊に配属させた。さらに米軍上陸後の四月三日、第二護郷隊に水産鉄血勤皇隊の一五名が加わった。

図9　恩納岳（左），三角山（中央），眼鏡山（右側の２つの突起）
現在キャンプハンセンの訓練施設.

三月二十七日、新崎《あらさき》寛緯教頭、親川光繁教諭に引率された水産鉄血勤皇隊二七名は、宜野湾《ぎのわん》にあった宜野湾農民道場（仮校舎）を出発し金武国民学校に到着した。金武から配属先を確認するため八重岳にいた宇土部隊と連絡を取り合ったが、配属先がわからず四月二日、金武国民学校で解散した。その後教頭の新崎寛緯（那覇市出身）は、配属先が第二護郷隊と気づき、残った一五名で第二護郷隊に加わったという。水産鉄血勤皇隊は、新崎寛緯と学徒兵金城邦岡（糸満市出身）が戦死した。

米軍上陸

一九四五年四月一日、米軍は読谷・北谷村一帯に広がる約一三キロにもおよぶ海岸線から上陸してきた。第二護郷隊の恩納岳配置は、南部へ向かうであろう米軍の背後を襲う計画だったが、米軍の圧倒的な武器と兵員数は、容赦なく第二護郷隊の正面から襲ってきたのである。

北飛行場建設のため読谷村に駐屯していた第四四飛行場大隊は、米軍に飛行場を使用させないため自らで破壊。大隊の一部は第二護郷隊に合流した。岩波は、そのうちの約一〇〇名を大鹿隊、田中隊の二個中隊に編成、石川岳に配置した。当初、米軍の後方かく乱を目的とした石川岳陣地は、米軍を正面から迎え撃つ最前線となったのである。

図10　安富祖区のクガチャ山に建立された第二護郷隊之碑

第二護郷隊之碑と同じ敷地内にある第四四飛行大隊の慰霊碑には「四月一日、米軍の本島上陸と共に飛行場を破壊したる後、倉敷陣地に後退。四月三日、終日優勢なる米軍と初戦闘を交ふ。時に薄暮軍命に寄り『大隊は北方山岳地帯により遊撃戦を続行せよ』との無電に接し行動を移りたるも時既に遅く転進途上の石川岳屋嘉岳には敵大兵力が進出しあり加えて砲爆撃熾烈を極め之の激戦にて多大な損害を出す」と記されている。

石川岳では「生きて虜囚の辱めを受けず」という戦陣訓に従ったのか、集団で自決した日本兵らもいたと元護郷隊員らは語る。第四四飛行大隊は四月から六月の約三か月間で、野崎隊長以下三八九名中二三九名（戦死率六一％）が亡くなった。

また、新城喜武（大宜味村、一七歳）は「楯岡軍曹も米軍上陸時の石川岳の戦闘で亡くなった」と述べており、中野学校出身者の楯岡敏光は、第二護郷隊の中でもっとも早い時期に戦死したと考えられる。

橋梁の爆破

岩波寿は「四月二日（あるいは三日）米軍侵攻妨害のため、石川及び仲泊付近の橋を破壊させた」と回顧する（『戦史叢書　沖縄方面陸軍作戦』）。国頭村出身の中真《なかま》浩は「橋という橋はみんな私らが爆破した」と述べた。美里村（現沖縄市）出身の金城光栄（一七歳）は、「石川橋は僕らがやった。やり方も全部訓練しました。箱の作り方、爆薬の詰め方、これを山の中でやって、夜に爆薬の入った十キロの箱を背負って忍び込んで。橋や飛行場や兵舎を破壊しに行きました」と語る。

金城幸昭（東村、一六歳）は「伊芸（金武町）の橋、漢那（宜野座村）の橋も全て壊した。

しかし、伊芸は米軍がブルトーザーですぐ両端から埋め立てて、すぐに車が通っている。まったく効果ない。それで今度は道路沿いにあった松並木を爆薬で倒した。これも米軍の進攻を防ぐ作戦だった。でも、一番困ったのは中南部からの避難民ですよ。せっかく馬車で来ているのに渡れず、馬車を置いて行くしかない。結局は避難民を苦しめたわけです」と述べた。橋の爆破に関しては玉那覇有義（東村、一六歳）も「避難民がかわいそうだったね。やんばるまで馬車で来ても橋はない。馬車を捨てないと行けない。食糧なんかも置いて着の身着のままで、やんばるに向かっていた」と述べ、「避難民は手に持てるわずかな食糧も友軍の兵隊にとられている」と続けた。

一方、避難民となり北部を目指して歩いた伊波勇一（読谷村、一九二一年生）は「米軍に、北へ北へと追い詰められていった」「石川岳を越えて金武にさしかかると、橋が日本兵に破壊されていた。敵戦車を通さないためだったらしい。たくさんの避難民が立ち往生していた。女や子供や年寄りばかりだったので、私たちは見かねて彼らをおんぶして川を渡したり、荷物を運ぶなどの手助けをした」と振り返る。同じく読谷村からやんばるへ避難した宮城元信（読谷村、一九二五年生）は「大湾《おおわん》を出発した私たち一家は、恩納で一泊し、二泊目に幸喜《こうき》（名護市）に着きました」「許田（名護市）にさしかかると、橋が破壊されていて川を渡れないため、たくさんの避難民が立ち往生していましたが、それでも干潮になってからなんとか川を渡り、名護にたどり着きました。その時はもう名護も艦砲射撃が激しく、名護の街も燃えていました。艦砲弾が『ヒュー、ドン　ヒュー、ドン』と飛んで来るので、夜でも隠れ隠れしながら進まなくてはいけませんでした」と回顧した（『読谷村史第五巻』）。そして第二中隊の分隊長だった宮城萬元（大宜味村、二三歳）は「許田《きょだ》の橋の杭に爆弾を仕掛けた」と回顧する。

橋梁を破壊した護郷隊員が語るように、中南部から北部へ避難する人たちは立ち往生し、右往左往しながら海岸沿いを歩いて渡っていたのである。

恩納岳戦闘の始まり

四月四日から五日にかけ石川岳で生き残った大鹿隊、田中隊は恩納岳の戦闘に加わった。岩波は、本部陣地を囲むようにして、南側に第三中隊（東村出身者）、太平洋側に第二中隊（大宜味村出身者）と大鹿隊を、東シナ海側に第一中隊（国頭村出身者）と田中隊を配置した。その後戦況が悪化するにつれ、第三中隊は三角山の配置を命じられる。第三中隊の指揮を執った畑友迪少尉（中野出身者）は「元気者、勇猛果敢だった」という。東村出身の元護郷隊員は口々に「だから犠牲者も多かったのでは」と回想する。

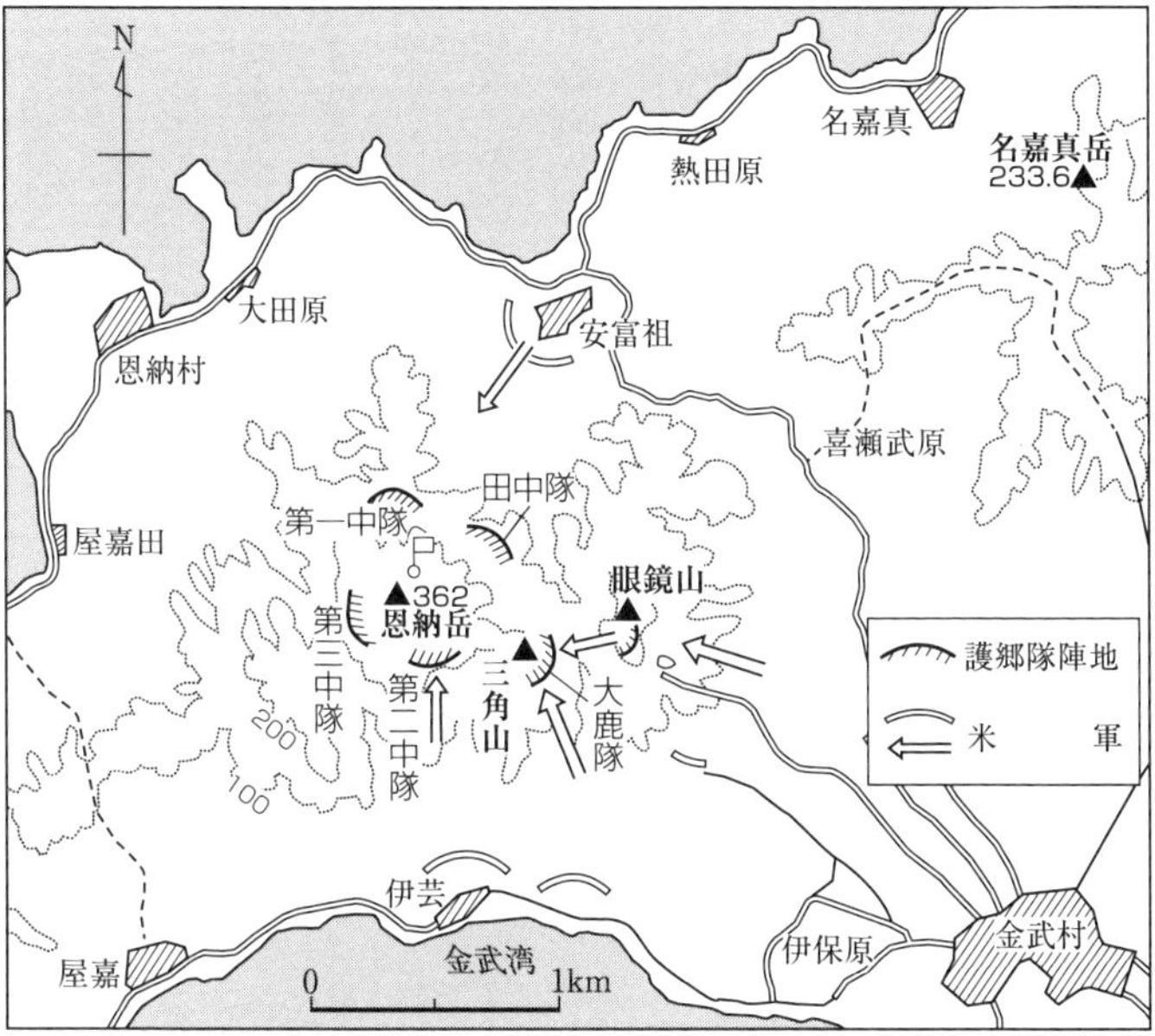

図11　恩納岳への米軍進攻および護郷隊陣地図（1945年４月12～30日）
名護市教育委員会提供

前出の金城幸昭は「米軍の攻撃は、主に金武村側の戦車砲と迫撃砲が激しかった」と述べる。

大隊長の岩波は四月十二日（もしくは十一日）、金武の米軍施設を夜間一気に攻撃することを計画した。瑞慶山《ずけやま》良光（大宜味村、一六歳）は「斬り込みですね。地雷を設置して戦車を爆破しようというものでした。忍び込むと近くに豚か猪かわからないがグーグー泣いていて、松崎中尉（中野出身）が気になり、日本刀をバサッと下ろしたら木の枝にひっかかり、その音に米兵が気づいて照明弾があがってしまった。米兵から手榴弾を投げられ、その破片が私の口に当たり、歯が四つ折れてしまった」と述べた。第二護郷隊は追い詰められ、徐々に防ぎょ範囲は狭められていった。

四月十三日から十六日にかけ米軍は戦車や迫撃砲で恩納岳を攻撃した。恩納岳には丸太や土嚢で作り上げた機関銃壕があり、少年兵たちはその中から軽機関銃や小銃などで応戦、上がってくる米兵を狙っていたという。

四月十六日、前述した宇土部隊が自らの無線機を破壊し撤退したことで、第二護郷隊も、孤立状態で米軍と対峙することになった。そのさなか、恩納岳から直線にして約一・五キロ内の三角山・眼鏡山では激しい攻防戦が行われ、二十日頃、米軍は三角山を占領した。

岩波らは奪回攻撃を仕掛けたが失敗。だが米軍は二十七日、自ら三角山を放棄したことで、岩波は改めて三角山に少年兵たちを配置したという。おそらく米軍は、恩納岳占領以上に本土攻略のための飛行場建設を重視していたと考えられる。

遊撃戦の報復

米軍は金武村に到着すると、恩納岳のふもとで本土攻撃に備えた飛行場建設に着手した。現在のキャンプ・ハンセン内である。玉那覇有義（前出）は、その建設中の飛行場内に斥候兵《せっこう》として忍び込んだひとりである。そして、同じ東村出身である伊波寛昇も、五月十六日頃、「飛行場の山手にある原野に集積された米軍の戦用物資を爆破するために事前調査を命じられた」と振り返る（『金武町史　第二巻　戦争・本編』）。その後（五月二十一日頃）、彼らは飛行場襲撃のために道案内役として遊撃戦に参加、「擲弾筒（手榴弾よりやや威力のある小型の携帯火器）の集中砲火で大音響と共に天をもこがす火柱があちこちに立ち上がり夜空を真紅にそめる大戦果となった」と述べている（池原貞雄編集『さともり』）。

五月二十四日、米軍はその報復として恩納岳に迫撃砲、戦車砲で集中攻撃を開始した。五月三十日、米軍は眼鏡山陣地を占領。攻撃はさらに激しさを増し、となりの三角山攻撃には米軍戦闘機も加わった。

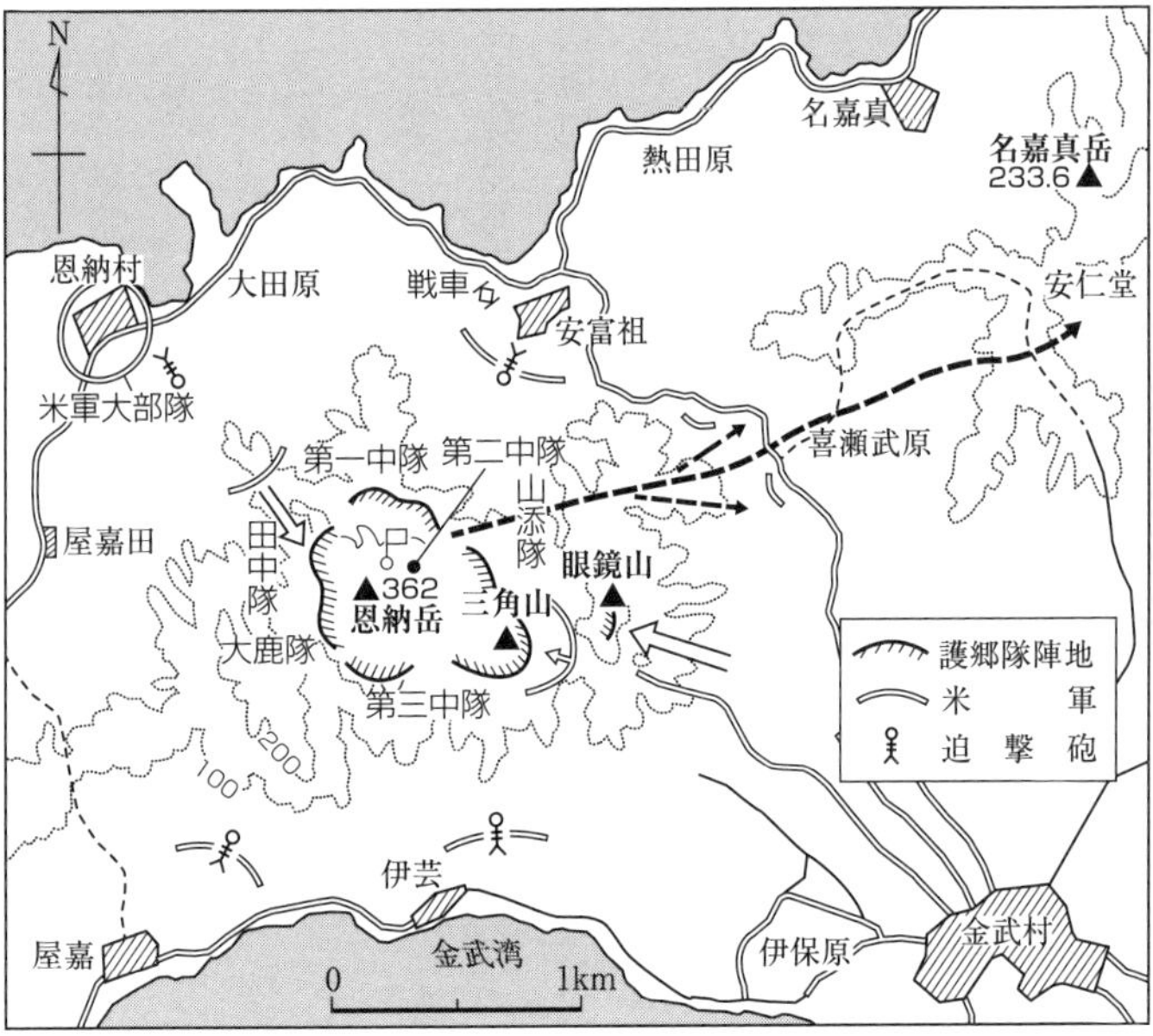

図12　恩納岳への米軍進攻および護郷隊陣地図（1945年5月30日〜6月2日）名護市教育委員会提供

一方、三角山には東村の少年兵たちが、上がってくる米兵を待ち構えていた。山頂付近で米軍を狙い撃ちするため機関銃壕にいた玉那覇盛一（東村、一六歳）は「五月下旬、私は軽機関銃の小銃手として、隊列の右側を警戒するのが任務だった。米軍が匍匐《ほふく》しながら上がってきた。となりの比嘉徳政が突然静かに座った。軽機関銃を撃っているさなか、声も上げないで、銃を放して倒れこんだもんだから。見てみると、もう、頭に弾が直撃。鉄帽をかぶっていたが、眉間を貫通しているわけですよ」と述べる。そして伝令役に命じられ、壕を飛び出した金城豊秀は、本部壕につながる交通壕のなかで、迫撃砲に殺られた。玉那覇は「戦友とはいえ、（死んだら）ほったらかしですよ。もう、どうしようもない。そして相手を殺らなければ。これ一筋ですね。殺らなければ、殺られますから」と小さな声で述べた。そして同郷の友人が傍らで死んでいくさまを、何も感じない「妄動」だったと語った（NHKスペシャル『あの日、僕らは戦場で』）。

比嘉貞男（東村）も「三角山の攻防は、恩納岳におけるもっとも激しい争奪戦の長い一日だった。溝軍曹、比嘉徳政、金城秀雄（幸秀か）、仲村渠《なかんだかり》盛市（もしくは清一）等の尊い犠牲者を出した」と振り返った（『さともり』）。

前出の金城幸昭（東村、一六歳）は護郷隊員らの戦死を次のように記憶していた。

戦死した少年兵

最初は石川岳に行ったんですよ。我々は中飛行場、今の嘉手納飛行場を（後方かく乱作戦で）攻撃する任務ですから。それで石川岳でちょっとやってどうにもならんということで恩納岳に下がって来たんです。米軍が読谷から上陸して、最初に殺されたのが、仲本政和（東村）だったと思います。石川岳から中飛行場に斥候に行って帰る途中に山の中で米兵に殺されました。

（石川岳から）下がる場合に、各小隊ごとで散り散りになって、池原貞雄さんらは二〇日ぐらいかかって石川岳から恩納岳に来ているんです。その途中、小隊長の久高《くだか》将徳（東村）先生が、夜山道で日本兵と会って「山」・「川」とか合言葉も何もなしにすぐに（銃剣で）突かれました。久高先生は股間のところを突かれたけど、先生も相手を突いて殺してしまったんです。友軍はその辺にいるのは敵だということで突いたんでしょう。ケガを負っているにもかかわらず、先生は再び三角山の攻撃に行きました。その時に三角山で幹部たちが七、八人、死んでいます。指揮班長の溝茂彦軍曹（中野出身）もやられて血だらけでようやく歩いて来て壕の入口に倒れていました。

僕らは三角山にいたからしょっちゅう攻撃にあいました。ちょうど山の前で僕らが斥候を交替したあとに直撃がありました。迫撃砲が直撃して交替した人が二人即死でした。久田友信（東村）と平山清（東村）、清は背中に迫撃砲受けて頭が……。壕の中は血で真っ赤になって、二人座ったまま。見たらもう二人グダグダになっている。三角山は一番大変なところでした。

時期と場所は明確ではないが、大城弘吉（東村、一五歳）も戦闘の激しさを語った。

第三中隊は、第一小隊長池原貞雄、第二は比嘉貞男、第三は稲福顕定、第四は宮里那三郎さん、彼らは一回は戦争に行った在郷軍人だったと思います（池原貞雄除く）。僕は第四小隊だった。僕たちは後尾にいて、怪我した人たちをすぐに後ろに片付けたりする役目だった。まん中で中隊長たちが指揮をして、第四小隊の稲福顕定（東村）さんたちが先頭に立っていて、大城与吉（東村）さんも一緒に恩納岳のてっぺんで戦死しました。鉄カブトも割れていました。宮城福政（東村）はアメリカ兵の手榴弾で亡くなりました。

東恩納寛文（国頭村、一六歳）は「恩納岳の下の海岸沿いにはたくさんの戦車がいました。毎日、我々は戦車砲でやられました。国頭村安田《あだ》の比嘉直は、その戦車砲が直撃して亡くなりました。私が忘れないのは、人間が死ぬときは、アンマー（お母さん）、アンマー、と言って死ぬんだとわかりました」と回想した。

恩納岳から故郷へ

六月二日、米軍の攻撃から逃れるため恩納岳を放棄した護郷隊員らは、沖縄本島最北部の故郷である北部三村をめざして撤退を始めた。最初の難所は喜瀬武原《きせんばる》だったという。第一中隊の金城蒲六（国頭村）と中真浩（国頭村）は「喜瀬武原を通るときはみんな一緒だった。米軍は喜瀬武原に十何日もキャンプ張って通さないようにしていた」と述べる。また、第三中隊大城弘吉（東村）も「喜瀬武原や横断線を通る場合にアメリカさんは金網に缶カラをつけて張っていて、引っかかった場合にすぐ分かるもんだから銃でパラパラ（連射）しよった。斥候兵が昼にゆっくりゆっくり行ってからこの金網を切断してくるわけよ。切断してから部隊を移動させたりした」と振り返る。

金城光栄（美里村）は「針金に気づかないで引っかかって、見つかって撃ち合いになった。みんなバラバラになって各自で突破して久志へ。久志でまた一緒になったんです」と述べた。

米軍は、沖縄本島北部の東西を横切る道路、金武・安富祖間や渇原・許田間、塩屋《しおや》湾を結ぶ大保《たいほ》集落で陣地を構築し待ち伏せしていた。少年兵らは故郷へたどり着くために、いくつもの関門を突破しなければならなかったのである。

大山茂夫（大宜味村、一七歳）は「（塩屋湾をわたる時）大保から岸向かいの田港まで泳いで渡った。その時に機銃掃射を受け、一度は引き返し、そして次に竹筒を口にあて、潜りながら渡った」と述べる。また、中真浩（国頭村）は「米軍から機銃掃射を受けたが、海面で横に拡がりながら泳いで助かった」と振り返る。そして、塩屋湾を渡りきった東恩納寛文（国頭村）は「各部落ごとに分散して帰ってきた。辺野喜《べのき》のメンバー、宇嘉《うか》の隊員たちもいたが、山の尾根を歩き、各部落を横断して行ったんだよ。我々は若いころから山稼ぎ（林業）もして国頭村の山々はわかっていたからね、みんな山育ちだから交替交替で先頭をやって帰って来たんだ」と、故郷の山々を懐かしく足で確かめるかのように帰ってきたという。

一方、新垣善昭（具志川村、一五歳）は恩納岳の野戦病院で置き去りにされたひとりである。新垣は「その時は雨だけですから靴が硬くて靴ズレしてしまった。歩くことができず、同じ部隊でもうひとり、手榴弾で怪我した人がいる。この人も負傷して不自由だから、隊長に『二人は残れ』と言われた。そして飛行場部隊からも日本の兵隊がひとり来て三人一緒だった。ある日、（病院の）兵舎に弾をぶち込まれたので、そこを逃げて、それから何日か過ぎて自分の故郷へ帰りたいから、ひとりで具志川を目指して帰った」という。

待機命令と終戦

故郷の国頭村をめざして歩きはじめた金城蒲六は「有銘《あるめ》にたどり着いたときには、三百人余りいた」、大城弘吉（東村）は「五百人前後いたと思う」と語る。いずれにせよ相当数の日本兵・護郷隊員が有銘山中にたどり着いていた。分隊長の宮城萬元（大宜味村）は「松崎隊長も一緒だった。（岩波隊長に）自分の家に帰って待機しなさいと言われた覚えがある。『自宅に帰れ』ということは、家で待機しなさいという意味だった。また召集くるかも知らんし、そういう風な訓辞だったよ。軍隊手帳とかも全部有銘の山中に埋めて、私服になって、うちの集落の者だけ七、八人で分散して、有銘の山の中に四、五日おったんじゃないかな。源河の上（大湿帯《おおしったい》集落）に田んぼがあってちょうど稲が収穫時期で、そこから人がいないから米を盗ってきてご飯炊いて食べた覚えがある。米軍が捨てたものを拾って食べたり」と振り返った。

その頃、第二中隊長松崎正行（中野出身）は大宜味村田嘉里《たかざと》の山中に潜伏していた。しかし、就寝中に何モノかに咬まれたことで東村有銘山中に潜んでいた岩波寿、畑友迪へ会いに行ったという。その後、三人は有銘山中で終戦を迎え、米軍の住民を通した度重なる下山勧告により、十月二日に下山した。三人は米軍へ連行され、屋嘉《やか》捕虜収容所へ向かった。

第二護郷隊は、元隊員・遺族の文集が綴られた『さともり』(郷護の会)を刊行しており、そのなかに戦死者名簿が記されている。その名簿を見ると、第二護郷隊は三八八名中六九名(名簿は七一名となっているが二名は誤筆)が亡くなっている。出身別で見ると国頭村六名、東村二四名、大宜味村二四名、中南部一三名、本土二名である。本土二名は溝茂彦軍曹、楯岡敏光軍曹である。

「故郷は自らの手で護る」はずだった第二護郷隊の少年たちは、その故郷から遠く離れた戦地で亡くなった。

義烈空挺隊と第二護郷隊

一九四五年(昭和二十)五月二十四日、熊本県健軍飛行場から重爆機一二機が飛び立った。この部隊は義烈空挺隊《ぎれつくうていたい》と呼ばれ、搭乗した奥山道郎大尉以下一五〇名中一〇名は陸軍中野学校出身者である(『陸軍中野学校』中野校友会)。彼ら一〇人の任務は、米軍に占領された沖縄本島中部にある北飛行場(現読谷村役場周辺)、中飛行場(現嘉手納《かでな》基地)に胴体着陸し、滑走路および米軍機を破壊。生きのびて護郷隊と合流し、ともに遊撃戦を展開することだった。おそらく恩納岳に潜伏していた第二護郷隊と合流する想定だったのだろう。

義烈空挺隊の奇襲攻撃は、「胴体着陸一機で、機中から十二名の隊員が跳びでて、手榴弾および焼夷弾攻撃を開始、四〇機近くの飛行機を破壊し、二〇名の米兵を殺傷し」たと、『陸軍中野学校』では成果を述べているが、彼らは米軍の攻撃に晒され全員戦死したと考えられる。

実は大本営は、すでにフィリピン戦で全く同じ無謀な攻撃を実戦していた。

一九四四年十一月二十六日、薫空挺隊と称した輸送機四機（一機二〇名、総数八〇名）が台湾を離陸し、レイテ島のドラッグ飛行場へ胴体着陸。彼らは輸送機から飛び出し米軍機二〇機および燃料庫等を爆破炎上させたという。だが、せっかく生き残ったものの、陸上部隊から何の救援もなく「激烈な戦闘の結果全員戦死を遂げた」（『陸軍中野学校』）。同じ過ちを繰り返す大本営の後先を考えない無謀な計画で、次々と尊い命が奪われている。

義烈空挺隊（陸軍中野学校出身者）の一人、熊倉順策少尉は離陸と同時に重爆機が故障し、熊本の隈之庄陸軍飛行場に不時着したという。大切な命が救われた。

米兵の兄に助けられた少年兵と日本兵に虐殺された少年兵

三中鉄血勤皇隊として約一五〇名が護郷隊に配属されたことは前述した。その中で東江《あがりえ》康治（当時四年生）と東江平之（当時一年生、一四歳）の兄弟は、伊豆味《いずみ》国民学校から護郷隊本部陣地のある多野岳へと向かっていた。

東江兄弟の戦争

四月十四日朝十時頃、康治は三名ずつ二グループで、一度通り過ぎた米軍の斥候《せっこう》兵が同じ経路で戻ってくると考え、待ち伏せしていた。康治は「待ち伏せしていたら、後方から二度目の米軍の斥候兵が上がってくる。私らはそのことを知らず、互いに気づいたのが一〇、二〇メートルくらいで、撃ち合いが始まった。米兵の三名が倒れ、私ら三中生は具志《ぐし》堅《けん》一郎（五年生）と与那嶺《よなみね》浩（四年生）が戦死した。もう一グループは離れて待ち伏せしていたので助かった」と回顧する。その時に康治は、右胸の上部からわきの下まで弾が貫通し、助骨が四本砕かれるという重傷を負った。康治は「棒で叩かれたような衝撃が走ったが、大きな痛みは感じなかった。同じく三中生だった大城浩（当時五年生）の肩に担がれ、近くの避難民の小屋にかくまってもらった」と述べる。

康治はその後、護郷隊本部から来た同級生五、六人に助けられ、多野岳にたどり着いたが、中隊長らに「東江は長くは生きられないだろう」と判断され、近くにいた遠縁の親戚の避難先に運ばれたという。

一方、東江平之は早い段階で部隊とはぐれてしまい家族のいる避難小屋へと向かっていた。そして家族と一緒に過ごしていた時、親戚の小屋に重傷を負った康治がいることを知り、父の盛長と一緒に康治を迎えに行ったという。康治は家族の避難小屋で暮らすようになった。

平之は康治の様子を「傷口からは毎日夥しい量の膿が噴出する。日に日に体力が衰えていくのがわかる」と振り返り、「毎日のように食用ガエルを捕獲し、その煮汁を康治に飲ませていた」と回想する（『名護・やんばるの沖縄戦』）。

米兵の兄に助けられ

東江康治・平之の兄は、米国で移民中に米国籍を取得し、志願兵として沖縄に上陸していた。名をフランク東《ヒガシ》という。フランクは志願した理由を「沖縄の人、家族を助けたかった」と述べている。五月中旬、偶然にもフランクは歩兵第二七師団の情報部隊勤務となり、師団司令部となった名護の県立第三高等女学校に向かうことになった。三高女に到着したフランクは「急いでジープを飛び降り、崖の縁に立って眼下に拡がる名護の街を見渡した」と、懐かしい故郷の地を踏み、はやる気持ちを抑えきれない様子を述べている。フランクは故郷で親戚・地縁者を探し、自らの家族を追った。いつしか、「日本人らしい米兵がいる」とフランク東のうわさが避難民の間で広がり、父の東江盛長にも伝わったという。盛長は、自ら山を降り息子のフランクと再会。フランクは盛長と一緒に避難小屋へ向かい、けがを負った弟の康治を米軍の野戦病院へと運び込んだ。東江康治は徐々に回復に向かった（同前書）。

スパイ容疑で殺された少年兵

一方、護郷隊員のなかでスパイ容疑にかけられ、殺された少年がいた。屋比久《やびく》松雄である。同じ分隊にいた護郷隊員は「松雄は分隊長の集合命令にだいぶ遅れてやって来た。分隊長はカンカンになっていた。私は、急いで分隊に向かう松雄に途中で会った。その時、『今は行かない方が良い』と言ったが、彼は『大丈夫』といって、分隊に向かった。分隊長は松雄を問い詰めスパイと決めつけた。松雄は、周りの少年たちにカズラで手を縛られ、目隠しをされて、山中のタンガマー（炭焼き小屋）まで連れて行かれ、その上に立たされて、分隊長の命令で三、四名の仲間が彼を撃った。誰の弾が当たったかは、わからない」と述べた。

護郷隊員にとって分隊長の命令は絶対である。撃った少年兵らは屋比久と幼なじみであった。彼らは、戦後しばらく経って屋比久家のお墓に手を合わせにきていたという。また、命令を下した分隊長は戦後も長い間、元護郷隊員らから恨まれ身の危険を感じ、故郷を去った。

自決

恩納《おんな》岳の野戦病院では、撤退時に少年兵らが置き去りにされていた。三角山の戦闘で重傷を負い野戦病院に運ばれた比嘉参栄（東村）は「病院内は患者のうめき声や、水を求めてわめく者もいる。中には気が狂ってわけの解らない、うわ言を叫ぶ者もいる」「何と残酷な戦争の悲劇だろう。担架で運ばれて中隊本部についたのが十二時頃か、側の担架の上には、数日前の迫撃砲弾で、両足に重傷を負うた戦友が寝かされている。彼は歩行はおろか、立つことすら出来ない」と回顧する。比嘉は、その夜の撤退時に中隊長から「二人ここに残ってくれと説得された」と自決を促されたという。その後比嘉は、どうにか歩くまで体力が回復したことで中隊長に同行することを許された。だが、となりの友人は「何とか連れて行くよう（中隊長に）哀願するが……」と振り返る。比嘉は、自分も歩けなかったら「彼同様に自決の途を選ばざるを得なくなったであろう」と述べた（『さともり』）。

両足に重傷を負い、「自決の途を選ばざるを得なくなった」戦友とは、誰のことだろうか。

幼なじみだった玉那覇《たまなは》盛一（東村）と仲泊《なかどまり》栄吉は「大宜見《おおぎみ》朝一（東村）は両足を失っていた」と述べている。また、瑞慶山《ずけやま》良光（大宜味村）は、歩けずに残された人たちは手榴弾を持たされたと述べる。

部隊撤退後も大宜見朝一の面倒を見ることになった嘉手刈《かでかる》真昭（東村）は「何百人ものアメリカ兵が電灯をつけて山を上がってきた。自分はどうにもならなくなって、逃げることにした」「野戦病院を百メートルぐらい離れたところで、あちこちでパンパンと手榴弾が爆発する音がした。あのときみんな、渡された手榴弾で、自決してたんだなあ」と振り返る（『さともり』）。

大宜味朝一を含む恩納岳の野戦病院に置き去りにされた少年兵、日本兵らの多くは自決していた。だが、この自決は自ら進んで行ったのではなく「強要された自決」であった。

軍医に殺された少年兵

二〇一五年二月、筆者は東村で調査を進めるなか、衝撃的な目撃者と出会った。前出の仲泊栄吉（東村、当時一六歳）である。

仲泊は「私は見た。他の部隊からやってきた軍医に髙江洲《たかえす》義英という人が殺されるのを。おそらく見たのは私だけかもしれない」と述べた。仲泊は、三角山陣地が猛攻撃を受けている最中、けが人を野戦病院に運ぶ任務を命じられていた。大宜見朝一、比嘉参栄を運んだのも仲泊だった（NHKスペシャル取材班『僕は少年ゲリラ兵だった』）。

僕は見たよ。歩けない人は軍医が殺した。同じ東村出身の髙江洲義英、彼は拳銃でやられたんだ。僕はケガを負った比嘉参栄を連れて行った時だった。髙江洲義英は元気だったが頭がおかしくなっていたからじゃないかな。土手に座らせて、毛布をかぶらせて、（軍医が）拳銃を撃った。しかし、一回では当たらず、毛布を外すと、義英は「あっはっはっ」と笑っていた。そして二回目に（撃ったら）当たった。

筆者は、のちに元護郷隊員の兄から髙江洲義英のことを聞いていた女性の存在を知った。彼女は兄からあまりにも悲惨なので義英の家族には知らせないよう口止めされていたという。

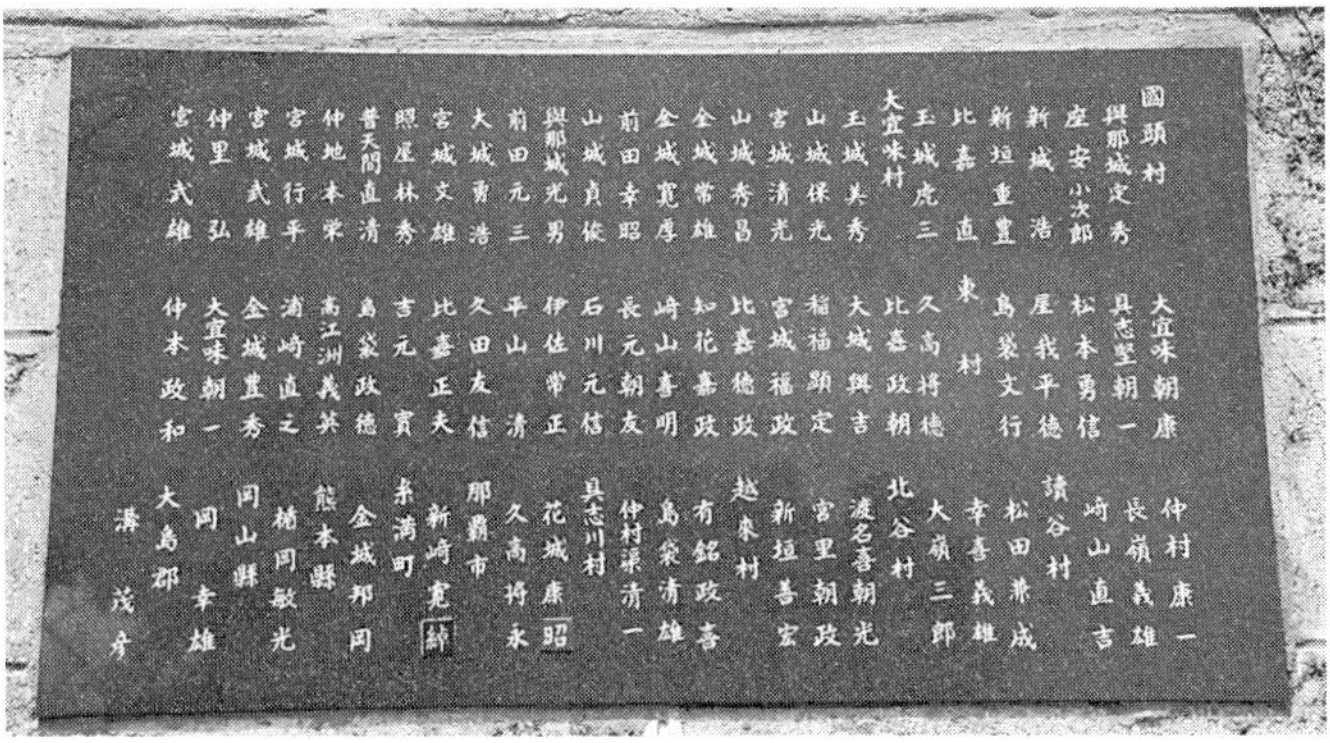

図13　第二護郷隊之碑　中段左から５人目に
高江洲義英の名前が刻まれている．

高江洲義英には一〇歳年下の弟がいた。

義英遺族の思い

二〇一三年、筆者はある団体の案内役として北部平和学習ツアーのバスに乗り込んでいた。筆者が護郷隊の話を始めると身を乗り出すように「私は東村高江出身です。私の兄も護郷隊でした。兄は戦死したのですが、どこで、どのような死に方をしたのか知りません。教えて下さい」と質問する人がいた。その人が義英の弟、高江洲義一氏であった。

そこで筆者は仲泊栄吉氏に「義英さんの遺族がほんとうのことを知りたがっている。会ってくれないか」とお願いしたところ「それはできない。そんな残酷なことを遺族の人たちに知らせることはできない」と断られた。その後仲泊氏は「遺族とは会ってから（話すかどうかを）決めたい」と言ってくれた。

二〇一五年六月二十三日、恩納村安富祖《あふそ》の丘に建つ第二護郷隊之碑にて慰霊祭が執り行われた。その際に仲泊栄吉氏と髙江洲義一氏が会うことになる。そこで、髙江洲氏は初めて兄がどのようにして殺されたのか、仲泊氏から聞いた。その晩、筆者に髙江洲氏から電話が入った。

川満さん、あなたは、その（軍医が兄を殺した）ことを知っていたんでしょう。とてもショックだった。しかし（仲泊さんから直接）聞いて良かった。これで兄もうかばれるはず。ほんとうにありがとう。

置き去り

第一護郷隊でも負傷した少年兵を置き去りにしていた。

山城繁信（恩納村、一五歳）は、同郷の「又吉肇《またよし》（恩納村、一六歳）を捨ててしまった」と、次のように述べた。

（名護岳の戦況が悪化するにつれ）恩納村の少年兵たちはそれぞれで後退した。安富祖出身の人は名護岳からすぐ下りてシマ（故郷）に帰った人もいるけど、私らは一応、多野岳に行って久志村に逃げることになった。一歳年上の又吉肇が多野岳でやられて野戦病院に入っていた。同じ村の友だち四、五人で、又吉を連れて逃げようということになった。野戦病院は患者でいっぱい、もう誰も診る人はいない。毛布で作った担架に又吉を乗せて、五人で三原（久志村）に下りて行った。三原に四、五日はいたが食べ物も何もない。多野岳にいた時に護郷隊の食糧を隠していた所はわかっていたから又吉肇を置いて米を盗りに行った。又吉のところには戻らなかった。私らは久志村三原の避難小屋で、捨てるんだ（又吉を）。

当時、衛生兵だった仲嶺《なかみね》真三（恩納村、一七歳）も、又吉肇を担架で連れ出したひとりである。仲嶺は、重篤の又吉の様子を語ってくれた。

一度、三原の避難小屋で、馬を殺してシシ（肉）を炊いてあげたら（又吉さんが）出血してよ、顔も真っ白で色もなくて、やがて危ないところを私が強心剤を注射すると生き返ってよ。（あの時は）みんな助からないと思って、どこにどうして埋めようか、という話までしていた。

又吉肇は、名護岳の裏側・東江原で横腹を撃たれた岸本憲一分隊長を背負い、本隊へ戻る途中、米軍に右足を撃たれたという。野戦病院に担ぎ込まれ、その後同郷の仲間たちに助けだされる一方で、三原の避難小屋で置き去りにされたのである。

又吉は置き去りにされたあと、意識を取りもどし、民家や拝所で寝泊まりしながら宜野座村の米軍病院へたどり着いたという。その後回復し奇跡的に故郷へ帰還した。

仲嶺真三は、故郷の名嘉真《なかま》集落（恩納村）へ五月二日頃たどり着いた。また、山城繁信も五月過ぎに恩納岳に到着したと振り返る。

山城繁信は「あの時のイクサ（戦争）というのは親も子もほったらかすぐらいの時代だった……。今、思うと大変なことをやったという思いがあるが、あの時分は……。彼が故郷へ帰ってきたときはびっくりした。彼とは、その後の細かいことを話したことはないんだ。顔見るのも恥ずかしくてね。親と子であってもそういうことになってしまう。戦争をやってはいけないというのはそこなんだ」と述べた。

恩納村出身の元少年兵らは、やっとの思いで故郷へたどり着き生き延びたものの、戦争の傷跡の痛みは戦後も続いた。

離島残置諜者

離島残置諜者とは

離島残置諜者の誕生

一九四五年（昭和二十）一月十五日、陸軍中野学校で策定された「国内遊撃戦の参考」が全国に配布されたことは前述した。その翌日（一月十六日）、第三二軍司令官牛島満《うしじまみつる》中将は二俣分校出身者の少尉六名と中野出身者六戊の軍曹五名を司令官室に呼び出し、「貴官らは、それぞれの指示された離島において、身分を秘匿し遊撃戦ならびに残置諜報の任務を遂行すべし」と命じた。軍司令官室には牛島満のほかに長勇参謀長、八原博通高級参謀、薬丸兼教情報参謀らが列席していたという。そのなかで浦田國夫（俣一）、林三夫（俣一）及び第二護郷隊で教育係だった岡幸夫（六戊）の三名は軍参謀部情報班に残り、各離島残置諜者から送られてくるであろう情報を収集する役割を命じられている。その後三人は桜挺進隊として戦場を駆け回ったことは前述したとおりである。

一一名が軍司令官室に呼ばれた一月十六日前後、第三二軍参謀部情報班付だった斉藤義夫（旧姓菊池）は「私は、机に向っての事務がこんなに面白くないとは知らなかった」「長勇が無防備の離島に諜報員（離島残置諜者）を送るということで連日参謀長に懇請してその中に（護郷隊で小隊長をやっていた馬場軍曹と二人）加えてもらうことになった」と述べ（畠山清行著・保阪正康編『陸軍中野学校終戦秘史』）、八名に新たに二名が加わった。また、第二護郷隊の増田保雄も新たに加わっているが、増田は護郷隊に編入したと考えられる。したがって、実質一〇名が離島残置諜者となった。

東西約一〇〇〇キロメートル、南北約四〇〇キロメートルいう広大な海域をもつ沖縄県は二〇一七年（平成二十九）現在、橋でつながった島をあわせると一六〇島あり、うち四九島が有人島である。第三二軍、特に長勇は無防備の離島に離島残置諜者を配置する必要性を感じており、二俣出身者六名が第三二軍に配属されたことで、彼らにその任務を負わせたのである。一方、その内の一人である宮島敏朗は、その命令は「予期しないもの」だったと回想する。二俣分校で遊撃戦の訓練を受けてきた彼らは、遊撃戦ができる沖縄本島もしくは日本軍が配置された石垣島・宮古島を想定していたという。宮島は「小島における遊撃戦となるといささか疑問の余地があり」「地図を見ても一目瞭然で」「誰が考えても無理なことは自明だ」と述べている（石垣市史編集室『市民の戦時・戦後体験記録　第二集』）。

離島残置諜者一覧

離島残置諜者の任務は、身分を秘匿して民間人の立場で情報を収集し、万一、米軍が上陸してきた場合、それまで訓練していた住民を戦闘員と仕立て上げ遊撃戦を行うことだった。第三二軍は、そのために県知事島田叡《しまだあきら》と交渉し、彼らに正式な国民学校訓導と青年学校教員の辞令書を出させ、偽名を使い各島々

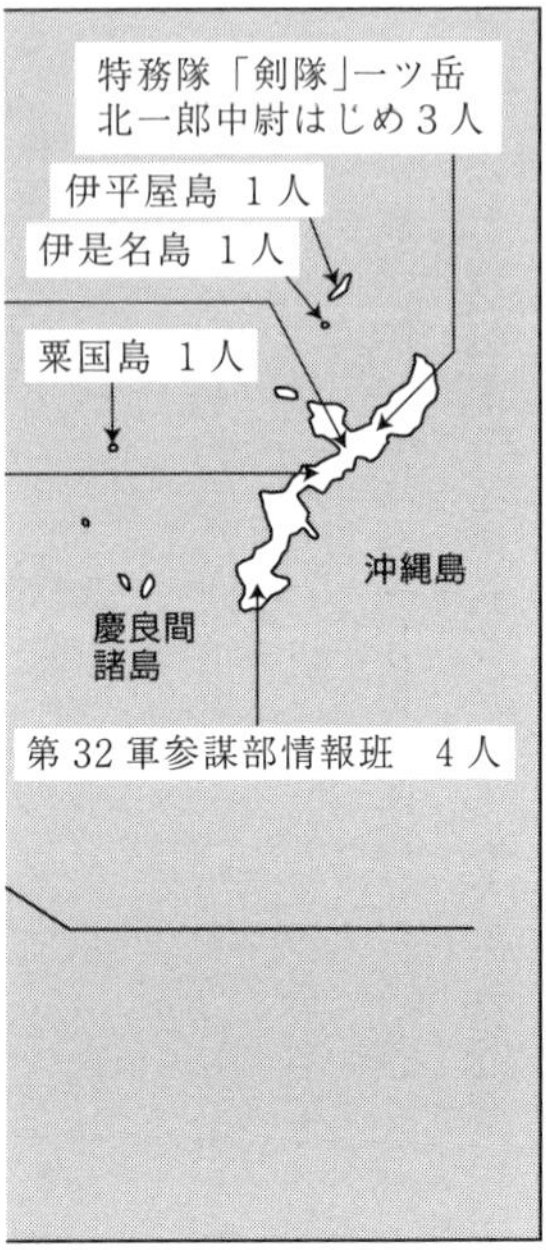

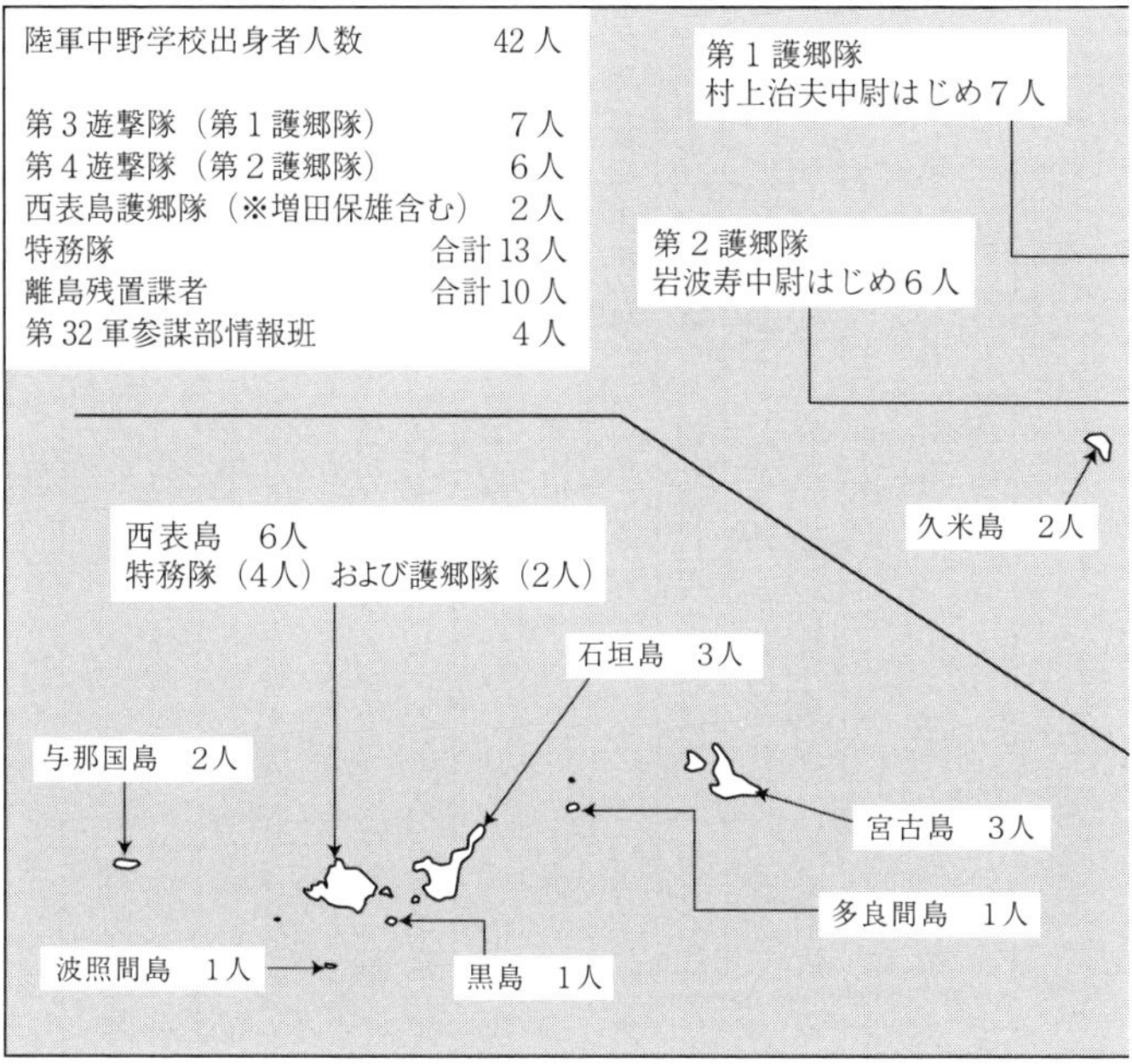

図14　陸軍中野学校出身者の沖縄県内配置一覧
名護市教育委員会提供

表4　離島残置諜者の配置先

島名	偽名	本名	出身校	階級	種別
伊平屋島	宮城太郎	斉藤義夫（旧姓菊池）	中野学校	少尉	六丙
伊是名島	西村良雄	馬場正治	中野学校	軍曹	六戊
粟国島	佐々木一夫	鈴木清十郎	二俣分校	少尉	俣一
久米島	上原敏雄	竹川実	二俣分校	少尉	俣一
	深町尚親	氏元一雄	中野学校	軍曹	俣一
多良間島	中島正夫	高谷守典	二俣分校	少尉	俣一
西表島	不明	増田保雄	中野学校	軍曹	六戊
黒島	山川敏雄	河島登	中野学校	軍曹	六戊
波照間島	山下虎雄	酒井喜代輔（旧名清）	中野学校	軍曹	六戊
与那国島	柿沼秀男	宮島敏朗（旧姓阿久津）	二俣分校	少尉	俣一
	山本政雄	仙頭八郎（旧姓中屋）	中野学校	軍曹	六戊
第三二軍参謀部情報班		浦田國夫	二俣分校	少尉	俣一
		林三夫	二俣分校	少尉	俣一
		岡幸夫	中野学校	軍曹	六戊

へ潜伏させたのである。彼らの配置先は表4のとおり。

離島残置諜者となった彼らは、いくつかのグループに分かれ、それぞれで島に渡った。もっとも遠い与那国島《よなぐに》へ向かった宮島敏朗と仙頭八郎、そして黒島の河島登、多良間島《たらま》の高谷守典、四名は同じ船で二月一日に出発。久米島《くめ》の竹川実、氏元一雄の二名は二月七日に発った。那覇港からほど近い粟国島《あぐに》の鈴木清十郎は二月十四日に出発した。西表島《いりおもて》に潜伏した増田保雄の動きは判然としない。後述するが、西表島では途中から一部の護郷隊員が、指示系統の違った特務隊に配属されており、特務隊隊長横田勲と護郷隊中隊長今村武秋は仲が悪かったという。増田も護郷隊、もしくは特務隊と一緒に行動を取っていた可能性が高い。

では、彼らは島々でどのような行動をとったのだろうか。判明した島々を取り上げてみる。

伊平屋島と伊是名島

御真影と離島残置諜者

斉藤義夫（偽名、宮城太郎）は伊平屋《いへや》島の国民学校の訓導として、馬場正治（偽名、西村良雄）は、伊是名《いぜな》島の青年学校教員としてそれぞれ潜伏した。だが、米軍上陸が間近にせまる三月、国民学校に安置された御真影を沖縄本島の北部山中（名護市源河奥にある大湿帯地区）に移動することになり、御真影とともに再び沖縄本島に戻ってきた。二人は御真影を無事に安置した後、宇土部隊に帰島の手助けを依頼したが、すでに制空海権が米軍に奪われていたことで宇土部隊は舟を出さなかったという。彼らは第一護郷隊大隊長の村上治夫に相談にやってきた。

第一護郷隊の副隊長照屋規吉は「（一九四五年）三月下旬の或る日の夕方、軍司令部の林少尉が宮城（斉藤）先生という人を同伴して、キナマタの本部事務室に村上隊長に面会を求めて来られた。要件をお伺いすると、宮城先生と兵器弾薬を伊平屋島まで輸送してもらう様お願いに来たとのことであった」と述べている（『護郷隊』）。林少尉とはおそらく林三夫（俣二）のことであろう。

村上は、馬場と斉藤をそれぞれ伊是名島・伊平屋島へ送り届けることを快諾。その命令を受けたのが前出の護郷隊員平良専勝を含めた本部《もとぶ》町出身六人、今帰仁《なきじん》村出身六人の護郷隊員らであった。

決死の渡航

一九四五年（昭和二十）三月下旬、平良は「突然思いがけない出来事にぶつかった。それは伊平屋島まで軍司令部付の菊池（斉藤）少尉、馬場（西村）軍曹二人と弾薬を運ぶ、決死隊の大任であった」「家族宛の手紙に爪と髪を添えて、万一帰らぬ時にと念をおして我友に依頼す」と当時の心境を述べている。平良は「手榴弾一五〇発入二箱、急造爆雷二箱、時限爆弾二箱を二隻のクリ船に詰め込」み、「一隻に千二百キロ弾薬と七人の護郷隊員が乗り込んだ」と述べており、その重さで「大型クリ舟でも吃水深く、浪よけを取付けても、体はほとんどずぶぬれだ。櫂の不慣れはどうすることも出来ない」と回想する。二隻のクリ舟は夜間、羽地《はねじ》村真喜屋《まきや》海岸を出発した（同前書）。

やっとの思いで斉藤と馬場を送り届けた護郷隊員らは伊平屋島で一泊。翌日、住民からお土産として渡された山羊二匹、鶏二〇匹をクリ舟に乗せ出発した。家畜を乗せた渡航は鳴き声で米軍艦に気づかれる恐れがあり「有難迷惑」だったが、あどけなさが残る護郷隊員らは断ることができずクリ舟に乗せたという。照屋規吉は「目的を達成し得るか大変心配したが四、五日で無事大任を果たして、御土産に島の人々から贈られた山羊、鶏、その他の食料品等も積み込んで意気揚々として帰隊して来た」と振り返る。護郷隊員が沖縄本島に到着したのは米軍が慶良間《けらま》諸島に上陸した翌日の三月二十七日であった。

では、伊平屋島・伊是名島にそれぞれ潜伏した斉藤と馬場はどのような行動を取ったのだろうか。

敗残兵と合流

伊平屋島と伊是名島では、戦時下の様相が違っていた。

伊平屋島では五月中旬、奄美大島の古仁屋《こにや》基地を飛び立った飯井敏雄少尉ら二人が伊江島に向かう途中、米艦船に撃たれ墜落。海中をさまよっているところを住民に助け出された。

六月三日、米軍は伊平屋島を包囲、一斉に艦砲で前泊《まえどまり》一帯を叩くとともに六〇〇〇名以上の兵力で上陸してきた。この米軍の攻撃で四七名の死傷者が出たが、多くの住民は山中の壕へ避難していたという。飯井少尉は避難壕のなかで「ピストルの弾は十発ある。九発まで敵を撃ってから自決させてくれ」と我喜屋《がきや》区の区長東江《あがりえ》慶栄らと激論を交わしたという。

比嘉幸雄（田名《だな》出身）は「敗残兵たちが斬込みをやろうとするのを、この斉藤（義夫）さんがおさえているんですよ」「今そんなことをやれば村民がまきぞえになってしまう。兵隊がそういうことをやるのは当然だが、村民を犠牲にすることは絶対にいかん、と反対したわけです」と振り返る（『沖縄県史　第一〇巻』一九七四年）。住民は投降を決断、飯井は東江区長の説得を受け、住民に紛れ込み米軍の捕虜となった。

一方、伊是名島でも不時着した特攻隊員の木谷軍曹が助け出され、住民とともに暮らしていた。米軍は伊平屋島に上陸するも、目の前にある伊是名島に即上陸することはなかった。

伊平屋島に米軍が上陸した一週間後（六月十日頃）、伊是名島には宇土部隊の一員、平山勝敏大尉をはじめとした七名の日本兵が逃げ込んできた（人数は諸説あり）。平山らは、国頭村の山中を逃げ回るさなか、沖縄県出身の日本兵の提案で、佐手集落（国頭村）の海岸からクリ舟に乗り、妻の実家がある伊平屋島をめざしたが、たどり着くことが出来ずに伊是名島へ上陸したのである（石原昌家『虐殺の島』）。ここでは日本兵部隊と記しておく。

斉藤義夫は伊平屋島から頻繁に伊是名島へ渡り、馬場正治と打ち合わせを行っていたという。斉藤と馬場は、自ずと特攻隊員や日本兵部隊らと行動を共にするようになった。伊是名島では伊平屋島とは異なり、捕虜・住民虐殺が相次いでいる。伊是名島に潜伏するようになった日本兵らが集まると、住民らは「軍当局」と位置づけ、「（軍）当局のすることなら」と黙認し（仲田精昌『島の風景』）、その行為に一部の住民も徐々に加担するようになったという。

捕虜虐殺

伊是名島に日本兵部隊が到着する前、伊江島から飛び立った米軍機が被弾。操縦していた米兵一人が備え付けのゴムボートで伊是名島に漂着した。米兵は捕虜となり、仲田区の集会場広場に連れ出されたことで多くの住民が米兵捕虜を目の当たりにしている。離島残置諜者として潜伏していた二人は、英語で尋問したという。

米兵はしばらく学校長住宅敷地内で監禁されていたが、彼らは米兵に「伊江島に帰す」と伝え、漂着した浜へ連れ出した。そこで米兵がゴムボートの空気口に息を吹きかけていた時、一人が背後から拳銃で撃ったという。伊是名国民学校教員だった西銘《にしめ》活蔵は「五月か六月ごろ」と振り返り、米兵を撃ったのは、残置諜者を含む四、五名の日本兵たちだったと続ける。仲田精昌（一三歳）は、「遺体は浜に埋められた」と振り返る（『沖縄県史第一〇巻』一九七四年、『島の風景』）。

七名の日本兵部隊が伊是名島にたどり着いた七月以降、今度は上本部村桃原地区付近（国頭村奥間という説もある）からゴムボートで釣りをしていた二人の米兵が漂着してきた。彼らも前回同様、仲田区集会場広場に連行され、多くの住民に晒されている。

米兵二人の尋問は日本兵部隊が行ったという。そして前回と同じように漂着した浜へ連れ出し、今度は特攻隊員を含めた軍当局らが中心となり虐殺した。他の証言を見ると、離島残置諜者の一人も関わっていた可能性が高い。仲田精昌は「島の青・壮年たちが大急ぎで浜に穴を二つ掘った。硬直した兵の死体をまずその穴に放り込み、つぎに、まだ息も絶え絶えにもがいている若い兵を穴に投げ込んだのが見えた。その後、日本兵たちは急いで穴に砂を投げ入れた」と述べている（『島の風景』）。

米兵は三度も伊是名島に漂着している。三度目は米軍の占領下にあった伊平屋島に送り帰したという。

住民虐殺

伊是名島では、バクロー（家畜商）を営んでいた喜名政昭（四二歳）と奄美大島出身の三名の少年たちも軍当局の手によって虐殺されていた。当時一三歳だった喜名の義弟、喜名政和は「(村の人たちは)戦時中のことで軍(当局)に協力しないわけにもいかないし」「沖縄戦が終わったのも知らずに、敗残兵を大事にもてなしていた」と、住民の様子を述べている(『沖縄県史 第一〇巻』一九七四年)。

喜名政昭は村の人々からチナースーと愛称で呼ばれていたという。チナースーは、仕事で伊平屋島に渡った時に米軍の捕虜となり民間人収容地区で暮らすようになった。その後、伊平屋島に駐留していた米兵らが戦利品として日の丸を要望していることを知り、商売として伊平屋島と伊是名島間を何度か往復するなかで「戦争は敗けた」と村人らに話しながら米兵が望む日の丸を探していたという。

伊是名島にいた軍当局にとって、決して許されない発言であり行為だった。その怒りは自ずとチナースー殺害へと向かったのである。

軍当局は、チナースーの知り合いである漁師たちを使って妻の父が病気であると嘘を伝え、伊是名島におびき寄せた。軍当局は待ち伏せし、伊是名島の浜に足を踏み入れたチナースーを捕まえたのである。その周辺には住民もいたという。泣きわめきながら謝るチナースーは、ガナハ毛(地域名)へと連れられ、棒で殴られながら死んだ。殴殺されたチナースーは穴に埋められた。

政昭の息子は「（父は）旧暦八月十六日（新暦九月二日）」に虐殺されたと振り返る。

伊是名島の住民は、終戦を知らされていなかったという。そのような中、次に奄美大島から漁夫として身売りされてきた三名の少年たちがスパイ容疑で殺された。きっかけは一郎と呼ばれた少年だった。彼は、日頃の村人による差別的扱いに反発し、腹いせに「島に日本兵がかくまわれていると米軍に密告してやる」と言い放ったという。軍当局と一部の住民らは、三名の米兵を虐殺した後だったこともあり不安に陥り、一郎と同じく身売りされてきたツネオも密告すると思い、一緒に小屋の柱に縛りつけたという。だが、それをもう一人のオオサカー（あだ名）と呼ばれた少年が二人を逃がしたことで三名が捕まったのである。軍当局や一部の住民らは、日頃から反抗的であるオオサカーを首謀者と決めつけ、「助けて下さい」と叫ぶオオサカーを日本刀で斬り殺し、続いて一郎、ツネオを斬殺した。

仲田精昌は三人の少年が殺されたのは「もう十月だった」と述べ、「（軍）当局に絶対に従うことが国民、ひいては村民、字民の至高な義務だった」と、住民の心情を述べている（『島の風景』）。

軍当局となった日本兵らは、翌四六年一月（もしくは二月）に奄美大島へ脱出した。だが、彼らは米軍に捕まり沖縄本島の屋嘉捕虜収容所に入った。

斉藤義夫は、伊平屋島のとなりにある野甫島で教員としてそのまま残っていたが一九四六年二月、学校に突然米兵がやってきて逮捕されたという。斉藤義夫が住民虐殺にどこまで関与していたのかは不明であるが、その虐殺事件を重々知っていたことは容易に想定できる。

戦後、斉藤は琉球大学の教員として一時沖縄で暮らしている。その時彼は、沖縄戦研究者に伊是名島で起きた虐殺事件を問われても語ろうとしなかったという。

粟国島と久米島

粟国島

竹川実（偽名、上原敏雄）と氏元一雄（偽名、深町尚親）の二名は、二月七日に久米《くめ》島へ向け那覇を出発。一週間後（二月十四日）、鈴木清十郎（偽名、佐々木一夫）は粟国《あぐに》国民学校の訓導として粟国島へ向かった。

一九四五年（昭和二十）三月二十三日、粟国島は空襲に見舞われ一三名の住民が犠牲になったという。

当時、粟国島では日本軍は駐留しておらず、在郷軍人会の主導で島の沿岸部分に五、六か所、松の木で作った擬砲を設置していた。粟国島が米軍に狙われた理由のひとつだと考えられる。

鈴木は粟国島に上陸後、村会議員上原康雄の家で暮らすようになった。これまでの証言の中では、鈴木が粟国島で積極的に住民を集め遊撃訓練を行った様子は見えない。住民の竹槍訓練などは在郷軍人会や婦人会、巡査などが先頭になって取り組んでいたという。

粟国国民学校で教員だった上原栄吉（三七歳）は「（彼は）スパイ道具を入れた箱があって生徒を使って雑木林の中に隠したりしていました」「この人はゲリラ作戦をやる要員だったらしいが（略）毎日のように空襲ですから訓練どころではなく自分から逃げて歩いていた」と述べている（『沖縄県史　第一〇巻』一九七四年）。

遊撃戦は、住民を戦闘員に仕立て上げ相手の寝込み、もしくは背後から襲う戦略である。周囲約一二キロメートル、面積約七・六平方キロメートルという小さな島では隠れる場所も限られ、さらに空襲で唯一の無線塔がやられたことで、鈴木は孤立状態に陥っていた。おそらく鈴木は最初から「こんな小さな島では到底無理」（宮島敏朗）と、判断していたと考えられる。六月九日米軍は粟国島に上陸、この日だけで六二名の人々が犠牲となり、鈴木を含め生き残った住民はそのまま島に残った。

終戦翌年の一九四六年一月、粟国島では食糧不足が続いていた。本土出身の鈴木は居づらくなり、粟国国民学校で同僚だった高江洲静、盛吉瑞枝二人が久米島へ帰郷することを知り、無理やりクリ舟に乗せてもらったという。

鈴木は、しばらくは久米島の高江洲家に寄寓していたが、一九四六年二月、自ら米軍に日本兵と名乗り投降した。

久米島の虐殺

久米島では海軍通信隊鹿山正曹長率いる三四名の隊員が配置されていた。沖縄戦が敗戦に近づくころ、鹿山はこの少ない兵員数で約三〇〇〇名の住民を統率するため、住民虐殺を繰り返していたのである。虐殺は久米島に米軍が上陸してから始まった。

一九四五年六月二十六日、第三二軍司令官牛島満中将、長勇参謀長が自決した三日後、九九六名の米軍が久米島に上陸した。首里から夫婦で赴任してきた有線電信保守係の安里正二郎は、米軍上陸時に捕虜となっている。安里は米軍から、鹿山隊長宛ての降伏勧告状を手渡されたという。鹿山らは久米島のウフクビリ山に壕を掘り潜伏。住民は彼らを「山の兵隊」と呼んでいた。安里は鹿山に会いに行き、銃で殺されたのである。鹿山は「私、みずから拳銃処刑しました。ええ、拳銃を一発撃ってね。一発では死にませんから、苦しんでかわいそうだから、兵隊に着剣させといて、両側からこうやって（突く）息を引き取らせたんですよ」と述べている（『サンデー毎日』一九七二年四月号）。安里の妻カネ子は日本軍に対する恐怖心と、周囲の白い目に堪えかね、山田川に身投げした。安里夫婦は山の兵隊の最初の犠牲者となった。

米軍は、久米島へ本格的に上陸する前の六月十三日、情報を収集するため斥候兵を島に上陸させていた。そして住民の宮城栄明宅に侵入、宮城の親族三名を拉致していた。この拉致事件を聞きつけた鹿山正は、六月十五日付けで仲里村・具志川村の両村警防団長宛に「達」を出している。その内容は①拉致された者はスパイである。②家族はもちろん部落民との接触を禁じる。③帰ってきたら直ちに軍当局に報告すること、であった。しばらくするとその三人が米軍から解放され戻ってきた。鹿山は戻ってきた三名を軍当局に知らせなかったという理由で、戻ってきた三名、宮城栄明を含む親族四名、さらに北原区の小橋《こばし》川《がわ》共晃区長、糸数《いとかず》盛保北原区警防団長を合わせた九名を牧場の小屋に集め虐殺、小屋もろとも焼き払った。六月二十七日のことであった。

のちに鹿山はこの九名を虐殺した理由を「『これは米軍に好意を寄せ、祖国にそむく行為で、日本軍の国土防衛上まずい』と判断、スパイ行為と命令違反として部下に命令し処刑した」（『沖縄タイムス』一九七二年四月二日）と述べている。

虐殺はまだ続いた。

沖縄本島で米軍の捕虜となった久米島出身の仲村渠明勇《なかんだかり》は道案内役として米軍と一緒に島へ上陸していた。仲村渠は米軍が本格的に久米島に上陸する際、艦砲射撃はしない、という条件で島内の案内役を買ったという。久米島に米兵とともに入った仲村渠は、避難壕に隠れていた住民を説得した。その行為が逆に住民からもスパイ視され、鹿山の耳に入ったのである。鹿山は明勇だけでなく妻、一歳の幼児、合わせて三名を虐殺した。仲村渠一家が虐殺されたのは、玉音放送が流れてから三日後の八月十八日のことであった。

谷川一家の虐殺

一九八七年（昭和六十二）十一月二十日、虐殺された谷川一家の戸主谷川昇の甥と姪が韓国から来沖、久米島で慰霊祭が執り行われた。日本名谷川昇。本名具仲会《クチュンホエ》一家は妻ウタ（名護市出身）との間に一男（一〇歳）、綾子（七歳）、次夫（五歳）、八重子（二歳）、生まれて数か月の子、合わせて五名の子どもに恵まれていた。戦前、谷川はナービナクー（鍋などを修理する人）をしながらフルガニコーヤー（屑鉄、ぼろ布を買い集めて売る仕事）などで生計を立てていた。谷川は米軍上陸後も、屑鉄などを求めるため米軍のゴミ捨て場をあさり、食糧探しで海岸沿いを歩き、貝や海草等を採りながら暮らしていたという。その行動で「谷川はスパイではないか」という噂が広まったという。その背後には、一部の住民の根強い朝鮮人差別意識があったと考えられる。

スパイ容疑をかけられてしまった谷川は、山の部隊が処刑に来るといううわさを聞き、鳥島の知人宅へ隠れていた。そこへ七名の兵隊と住民らがやって来て、谷川昇の首にロープを巻き付け引きずり、護岸から突き落としたのである。谷川の隠れ場所に、山の兵隊を連れて来たのは住民だった。住民は「(谷川を) 逃がしたら部落民も同罪だ」と鹿山に言われていたという。

兵隊らは谷川を殺したあと、谷川の自宅へ向かった。逃げようとする妻ウタ、背中におぶっていた生後数か月の赤ん坊 (おそらく一男、次夫も含む) を捕まえガジュマルの木の下まで連れて行き、後ろから斬殺した。さらに家に残っていた二人の娘を「お父さん、お母さんのところに連れて行ってやると連れ出し」三本の松の木の辺りで殺したのである。

谷川一家虐殺の伝聞はいくつか残るが、正確な経緯は判然としない。だが、谷川一家が虐殺されたことは事実であり、その日は玉音放送が流れた日から五日後、八月二十日であった。

鹿山は他にも部下である花岡兵曹長を命令違反で殺している (七月上旬)。鹿山正・山の兵隊らが九月上旬に米軍に投降したことで、住民虐殺は終った。

離島残置諜者と鹿山正

久米島に潜伏した竹川実と氏元一雄は、鹿山正とどのような関係にあったのだろうか。竹川は具志川国民学校の訓導として、氏元は仲里村の青年学校教師として潜伏していた。二名は潜伏後、義勇隊結成に関わっている。「義勇隊名簿」には、一七歳から五五歳までの六四三名の隊員名が記されており、義勇隊は「護郷隊」と同じ位置付けだったと考える。だが、竹川・氏元らは義勇隊を米軍と対峙させることはなかった。

米軍上陸時、島の青年部だった吉村昌之（一六歳）は竹川から手榴弾を「二個もらいました」と述べ、具志川国民学校で同じ教員だった譜久里藤江は「上原（竹川）先生が、みんな集めて『玉砕する』と言うのを聞いて、びっくりした」と振り返る（『僕は少年ゲリラ兵だった』）。

七月十六日、竹川実は鹿山正と「米軍上陸への対処」について話し合っていた。すでに安里正二郎郵便局員をはじめ一〇人が、鹿山に虐殺されていた後のことである。しかし、竹川実及び氏元一雄が住民虐殺に関与したのかどうかは判然としない。だが、竹川・氏元は鹿山正の住民虐殺に関して重々知っていたことは容易に推測できる。戦後、そのことについて二人とも語らなかったのは何故なのか。

一九四六年三月、竹川実・氏元一雄は米軍に連行され久米島を去った。

終戦から三〇年後、竹川は「軍隊生活、なかでも沖縄での敗戦や収容生活の記憶が強烈すぎて、その後、一体なにをしてきたのだろうかと影うすく、何かに奪われてしまったような三〇年とさえ思われます。この三〇年は虚仮《こけ》の半生だったと悔やまれます」と述べている。「虚仮」とは、嘘や偽り、真実ではないという意味である。竹川の表現した「虚仮」に、語ろうとしても語りきれない悔しさ、無念さが垣間見える。竹川は家族に対し「(戦争中に)久米島に行った」とだけ、話していたという(同前書)。だが、具体的なことは家族をはじめ誰にも話しておらず、中野学校出身者らが編さんした『陸軍中野学校』(中野交友会)、『俣一戦史―陸軍中野学校二俣分校第一期生の記録―』(俣一会)にも「T少尉」あるいは「某少尉」として登場するだけで、二〇一〇年に発刊された『久米島の戦争』に登場するまで「竹川実」という名前は知られていなかった。竹川実は何も語らず鬼籍に入った。

黒島と波照間島、そして与那国島

黒　島

黒島では「米軍が上陸する」という理由で、住民に対し西表島への避難命令が下されていた。黒島国民学校長の宮良長義は「黒島の住民が疎開したカサ崎と、砂地からなる由布《ゆふ》島にはマラリアはなかった」と述べる。疎開は一九四五年四月下旬にはじまり、五月末には住民の約三分の二が疎開したという（宮良作『日本兵と戦争マラリア』）。

この疎開命令は、表向きは米軍が黒島および波照間島に上陸してくることを想定した命令であった。だが、住民の証言を見ると、石垣島に駐屯していた約一万人の日本兵の食糧を確保するため、黒島と波照間島の豊富な食糧を奪うことが目的だった、という真相が見え隠れする。

当時一等兵で、獣医少尉広井修付きだった入波平《いりなみひら》晏之助一等兵（与那国島出身）は「広井や屠殺隊のやることは一部始終見ていました」「この避難事件は間違いなく、軍幹部のタンパク源補給のための、家畜屠殺だった」と述べている（同前書）。

黒島に潜伏していた河島登（偽名、山川敏雄）は、「米軍上陸」を疑問に思い、石垣島に渡り高級参謀東畑広吉を何度も問い詰めている。だが、東畑の「（米軍が上陸すると）われわれは黒島を砲撃するがそれでもいいか、さっさと疎開させろ」と脅されたこと、黒島の区長から事前に疎開の相談を受けていたこと等があり、東畑の命令を聞き入れたという。

宮良長義校長は、教員赤化事件で一度逮捕された人物だった。宮良は「山川（河島）さんは、私を監視するために来たと思う。彼は私の経歴から、私をスパイだと思い込んでいたと考える」と疑る一方で、山川は「おとなしい人」だったと述べている（『竹富町史　第一二巻』）。実際に黒島の住民も、河島の印象を「怪しい人」だが「おとなしい人」と見ており、住民に対して河島は威圧的な行動は取っていないという。一方の河島登は「宮良長義のことは知っていた。奥さんにはとてもお世話になっていた」と振り返る。

一九九〇年（平成二）、八重山戦争マラリア補償問題を解決しようと奔走していた宮良作（当時沖縄県議会議員、現九〇歳）は「河島は、この戦争は負けると感じていた」と述べている（『日本兵と戦争マラリア』）。後述するが、与那国島に渡った宮島敏朗も同じであった。河島登は敗戦になるまでできるだけ無難に過ごそうと考えていたのだろうか。一九九四年八月に河島登は亡くなった。

波照間島

第二護郷隊第四中隊として西表島へ配置されていた酒井喜代輔（旧名、清）は、離島残置諜者を命じられると、山下虎雄という偽名で青年学校教員として波照間島へ渡った。

与那国島へ潜伏していた宮島敏朗は与那国島に渡る途中、石垣島に立ち寄り酒井喜代輔と打ち合わせを行っている。

（酒井喜代輔に）八重山群島地区へ赴任する私（宮島）と中屋・河島両軍曹の三名が到着するまで現地（石垣島）で待機して貰うことになった。一二月二五日、（略）兵站旅館『玉屋』へ転宿し（略）先着の山下虎雄（酒井喜代輔）に旅館に来てもらい、八重山地区の状況説明をうけるとともに、四名で今後における行動計画、準備、連絡方法等について協議を重ねました。黒島と波照間島へ赴任する二人は、間もなく便船を得てそれぞれ赴任していきました。

（石垣市史編『市民の戦時・戦後体験記録　第二集』）

一九四五年三月二十六日、米軍が慶良間諸島に上陸した直後、黒島と同じく波照間島でも住民に対し西表島に疎開せよ、との命令が第四五旅団本部から下っていた。だが、その疎開地は、マラリア有菌地帯の南風見《はえみ》地区だったのである。

戦争マラリア

島の住民らは数日間かけ議論するなか、多くの住民が反対。その時、これまで青年学校教員として潜伏していた酒井喜代輔が「だまれ、旅団長の命令は絶対だ」と怒鳴り散らし、住民を威圧したという。

宮良作（前出）は、酒井喜代輔からその時の事情を聞き出そうと二度の電話インタビューを行っていた。その記録は筆者の手元に残る。

宮良　酒井さんは波照間の人たちが西表（島）に行きたくないと拒んだときに、抜刀して追い立てたと聞いているし、また、書物でも読んだことがありますが、その通りですか。

酒井　あぁ、そうだよ。そうでないと当時はみんな大騒ぎして意見がまとまらなかったんだ。だから抜刀した。

宮良　なぜ抜刀までして追い立てたのか。

酒井　私は旅団本部に行って、(宮崎)旅団長に命令を出したのかと聞いたら、旅団長はただ黙って座っていたが、側にいた(東畑広吉)高級参謀が、うん命令出した、と言っていた。これは先日も話したとおりだ。そうすると旅団長名の軍命がでていることははっきりしているし、私は軍隊だから旅団長の命令は天皇陛下の命令だ。聞かない奴は俺がぶった切る、そいつは前に出ろと言ったのだ。

四月八日、波照間島住民たちの南風見地域への強制疎開が始まった。米軍が沖縄本島に上陸して間もない時期である。酒井喜代輔は、最初のころは住民と一緒に南風見で暮らしていたという。だがマラリア患者が出始めると何人かだけを連れて、マラリア菌のない由布島に移動。その後、波照間島の住民を監視・防諜を行うため毎日のように酒井は南風見へ通い、住民を脅したのである。

西表島から波照間島を望む海岸に、戦争マラリアで亡くなった人たちの名前を刻んだ「忘勿石之碑《わすれないいし》」がある。当時の波照間国民学校長識名《しきな》信升が「この忌まわしい事実を思い出したくない。しかし忘れてはいけない」という思いで、波打ち際に敷かれた石に「忘勿石　ハテルマ　シキナ」と刻んだという。戦後、その刻まれた石を発見した波照間島の住

図15　南風見海岸に建立された忘勿石之碑

民らは、その石を保存し後世に伝えようと、その横に「忘勿石之碑」を建立したのである。

その忘勿石之碑保存会会長平田一雄は、「忘勿石之碑」に刻まれたひとりの名前を指して、筆者に次のように語ってくれた。

上から二段目、国民学校高等科だった冨底《ふそこ》宏佑という生徒がいるんですが、山下虎雄（酒井喜代輔）は、ここ南風見の海岸で冨底君を殴り殺した。山下は直接手を下さない。いつも山下の子分だった先生（沖縄県出身）がいる。この先生に殴らせて、最後は軍靴で蹴られて死んでしまった。

それは冨底宏佑の弟である冨底利雄も見ていた。『もうひとつの沖縄戦―マラリア地獄の波照間島―』（石原ゼミナール・戦争体験記録研究会著）によると、利雄は「兄の宏佑は数えきれないくらいたたかれ、最初に新品の竹でたたかれ、それが割れると、今度は山下の子分だった先生が履いてた靴で蹴られ、体罰は十五分ほど続いた」「そして歩ききれなくなりはって浜に行き、波照間島に向かって死んだ」と述べている。

酒井喜代輔は、死体に群がるハエを衛生上良くないとし、少年少女たちに竹筒いっぱいのハエを取ることを義務づけていた。そして、そのハエの量が少ないと、少年少女たちを容赦なく青竹のムチで力いっぱい叩きつけたのである。おそらく冨底は、罰以上に見せしめのために殴り続けられ、死んでしまったのであろう。

山下、ならびに部下の教員に殺されたのは冨底だけではない。国民学校四年生の女子も山下とその先生に殴打され、それがもとで亡くなったという（『日本兵と戦争マラリア』）。

平田一雄は「酒井喜代輔は波照間島へ来る前に西表島にいたことはみんなわかっていた。波照間島の人たちは、西表島で炭坑夫として働いていた人が多く、その時に酒井を目撃していた。なぜ、酒井が波照間島に青年学校教員としてやって来て『山下虎雄』と名乗ったのか、みんな不思議がっていた」と振り返る。おかしな話だが、住民はすでに酒井の本名を知っていたのである。偽名は第三二軍の命令であり、軍隊組織の命令は絶対である。おそらく酒井自身「おかしなこと」と思いつつも意見が言えず、「山下虎雄」を名乗って波照間島へやってきたのだろう。

護郷隊員が見た南風見

護郷隊員だった内盛勇（竹富島、一七歳）は「僕が大原（地域名）に牛の徴発に行ったとき、波照間の人がみんな南風見にいた。私たちが歩いていくと、私たちを引率していた兵長に、波照間の子ども、年寄りらがやってきて、兵長にすがるようにしてワーワー泣き出していた。昨日は何人死んだ、今日はやがて何人死ぬ、って言って。かわいそうでした」と振り返る。また、同じく護郷隊員の松竹昇助（竹富島、一五歳）は南風見で一泊したことがあるという。

（僕と同じ）竹富島出身で波照間島へ移住した山盛顕一が南風見へ強制疎開させられていた。僕らが南風見に行くと、大変だから蚊帳の中に入れって言って、朝から晩まで蚊帳のなかだった。山盛さんは医者だった。彼は「今日だけはまだ死んでないよ、毎日二、三名死ぬよ」と言っていた。

竹富町役場には「元軍人軍属本籍地名簿」が保管されている。その名簿を見ると波照間島出身の護郷隊員は六名である。そのひとり、新城清吉（三〇歳）は、山を越えて南風見まで家族に会いに行ったという。波照間島出身の護郷隊員らは、自らは「故郷は自分の手で護る」護郷隊となり、その一方で同じ日本兵の酒井喜代輔が、島民に対し残忍なことを繰り返し、家族、親戚、友人らが亡くなっていく様を、どのように感じていたのだろうか。新城清吉は、家族で波照間島に戻ることができたが、二男武治は南風見から持ち込まれたマラリアを発病、満一歳で亡くなった。

日本の敗戦間近、住民らはやっと強制疎開から開放され、八月までに波照間島に帰ることができた。しかし、荒廃した波照間島で待ち受けていたのは、南風見から持ち帰ってしまったマラリアと食糧難の生活だった。強制疎開前には豊富にあった食糧のほとんどが、黒島と同じように波照間島から消えていたのである。

『竹富町史』（竹富町史編集委員会）には「戦時中から終戦直後にかけての人口千六十七人、戸数二三三世帯。そのうち五九三人が死亡。マラリアによる死者は五五二人」と記されている。実に住民の三三％がマラリアの犠牲となっている。

護郷隊と酒井喜代輔

酒井は疎開先の南風見で少年少女を集め、「挺身隊」を結成していた。「挺身」とは、自らの身を投げうってでも国家（国体）のために尽くすという意味である。酒井は、南風見で挺身隊用の小屋を立て、少年少女たちを寝泊りさせながら訓練を行っていた。

宮良作（前出）は「調査のなかで、波照間島出身の女性が陸軍中野学校校歌（三三壮途の歌）を歌って聞かせてくれた」と振り返る。おそらくその時期に、少年少女たちは陸軍中野学校校歌を教わったのであろう。陸軍中野学校の精神は波照間島という日本最南端の小さな島にも伝わり、「挺身隊」はいわゆる「護郷隊」だったのである。

護郷隊の中隊長今村武秋と酒井喜代輔は互いに連絡を取り合っていた。南風見で挺身隊となった新盛良政（波照間島、一八歳）は、酒井に南風見から祖納に書類を持っていくように指示され、護郷隊本部にいた今村武秋中隊長に手渡し、今村と一緒に夜を徹して話をし、もどったと述べている（『竹富町史　第一二巻』）。

強制疎開について今村武秋の関与は不明だが、西表島にいた酒井以外の陸軍中野学校出身者六名は、波照間島の人々が強制疎開で起因となったマラリアで生死をさ迷っていること、酒井喜代輔の住民に対する残忍な行為を重々知っていたと容易に推測できる。

のちに酒井喜代輔は「軍の命令で、仕方なくやったことで、私がやらなくとも、誰かがやったことだし、あるいはその人間が悪ければ、波照間島民は、もっともっと苦しんでいたかもしれない。それを思うと、それほど気にすることもないのかしらないが」と述べている。（『陸軍中野学校終戦秘史』）久米島にいた鹿山正と同じ感覚である。

戦後、六名が波照間島でのマラリア被害や住民殺害について語らなかった理由は、酒井のように責任の重大さを感じていないせいなのだろうか。それとも逆の責任の重さを感じるあまり話せなかったのだろうか。いずれにせよ、中野出身者六名はこれらのできごとについて語るべきであった。

与那国島

宮島敏朗（偽名、柿沼秀男）と仙頭八郎（偽名、山本政雄）は、石垣島で酒井喜代輔と河島登を見送ったあとに与那国島に渡った。宮島は「石垣港へ入港したのは翌二月十九日の午前一時」「三月十八日、私と中屋（仙頭の旧姓）は暁部隊の台湾行便船に乗船することができた」途中、西表島に立ち寄り「三月十九日午後五時、西表島を出港、夜間航行して翌三月二十日午前三時頃、与那国久部良に入港」したと振り返る。沖縄本島を出発して四八日目にやっとの思いで与那国島に着いたという。

宮島敏朗は、前述したように黒島に潜伏していた河島登と同じく「この戦争は負ける」

と考えていた離島残置諜者であった。二〇〇九年、筆者は宮島敏朗に面談を申し入れたところ「体調がすぐれず、手紙でのやりとりなら」という返答を受けた。筆者の質問書に対し、宮島から便箋一九枚にもおよぶ返答文が届いた。その問答書を紹介する。問答書の離島残置工作員とは、離島残置諜者のことである。

問1　偽名はどうやってつけたのか？

答1　私の偽名「柿沼秀男」は他家に嫁した次兄の名前である。沖縄県の辞令が訓導なので、教員の次兄の名前が適当と考え利用した。他の人達は師範学校卒業生が三名いたが、どのように決めたか分からない。噂では自分の知りあいの名前とか、思いつきで決めたのではないか。

問2　離島残置諜者の直属の上官は？

答2　離島残置工作員の直属の上官は任命者が第三二軍司令官であるので、組織的に見て第三二軍司令官（牛島満）、軍参謀長（長勇）、軍情報参謀（薬丸兼教）である。

問3　大本営とも直接連絡を取ることはあったのか？

答3　離島残置工作員は、第三二軍が設置したもので、軍司令官の命令によるものであるから大本営陸軍部と直接連絡を取ることはない。

問4　第三二軍司令部、参謀部情報班とはどのような役割を担っていたか？

答4　第三二軍は大本営陸軍部の指揮下にあったので連絡は絶えず行われていた。軍参謀部情報班は軍情報に関する大本営陸軍部との直接の連絡はもちろん第三二軍内部の情報収集・連絡のほか班員の出動なども行っていたようである。途中で台湾の第一〇方面軍の指揮下にも参入したので、同軍との連絡も行っていた。

問5　「誰がどこの離島へ配置」ということを第三二軍が決めたのか？

答5　離島への配置は、長軍参謀長の発意で軍司令官の承認を得て軍情報参謀が決定した模様である。

問6　沖縄本島にいた頃の宿舎は、どこにあったのか？

答6　沖縄本島には、昭和十九年（一九四四）十二月二十七日から翌二十年（一九四五）二月一日まで滞在した。宿舎は那覇市安里にあった元蚕種試験場の附属建物であった。

問7　第三二軍から各離島へ配置された離島残置諜者は、どれくらいの期間、戦うつもりだったのか？

答7　当初、第三二軍から各離島へ配置された離島残置工作員は、沖縄戦継続中は一応戦うつもりだったのではないか。しかし、いずれも無線通信機はおろか、銃も武器も、弾薬等も一切支給されていない状態なので遊撃戦などは到底不可能なので、残置諜報活動が精精であった。私の場合、那覇港を出発する際、木箱二箇に遊撃戦用の偽装した特殊爆薬と焼夷剤等を相当数携帯したが、これは多良間島や八重山群島に赴任した工作員には内緒のもので、書物も一緒に入れてカモフラージュしてあった。爆薬は食用缶詰や虎屋の羊かんに偽装してあった。戦後、魚の捕獲に活用した。

問8　食糧もその期間分持参したのか？

答8　大本営直轄特殊勤務部隊と異なり、国民学校の教員として赴任し、下宿生活をしたので食糧は全く持参していない。下宿生活では、主食はサツマイモで副食物は島の野菜と海の魚などであった。

問9　「日本が負ける」と思ったときはいつ頃か。

答9　日本が戦争に負けると思ったのは何回もある。最終的には、『俣一戦史』の中で明記してあるように「牛島閣下のお諭し」（傍線筆者）の中で、閣下が「日本は負けるだろう」といわれたときである。

これ以前には、昭和十七年（一九四二）四月十八日の米軍機B52一六機による本土初空襲を目撃したときである。丁度東京都地区（旧王子区）に所在した陸軍の弾薬・工学兵器を製造していた東京第一陸軍兵廟庶務課の勤務だったが、昼食直後の襲撃で日本軍は高射砲も打たず米軍機が退散して暫くしてから日本軍の練習機が一機飛んで来た。それを見て、これは駄目だ。日本は負けると思った。

次は、昭和十九年十二月二十七日、第三二軍司令部に赴任するため那覇港に到着、上陸したら十月十日の第一回沖縄大空襲で那覇市の五分の四が壊滅状態にあるのを見たとき。また、翌二十年一月二十一日の第二回沖縄大空襲に遭遇したが、高射砲も日本軍機の出撃もなく、空襲後日本軍の練習機が一機偵察のためか空虚の中を飛んできたとき。これは駄目だ!!　日本は負けると思った。

問10　台湾から、武器・弾薬等を満載して与那国島に帰島しているが？

答10　台湾から武器・弾薬・爆薬・被服・食糧・医薬品等を輸送船（三〇トン余）に満載して与那国島に帰島したのは事実である。軍隊の一コ中隊分の量である。量としては米と砂糖の量が多いのである。

当初、台湾軍参謀部情報班に要望したのは与那国島が食糧難とマラリアで困窮していることからその援助を要請していたところであったが、三月二十三日沖縄大空襲再開、三月二十六日慶良間諸島へ米軍上陸、四月一日米軍沖縄上陸といった情勢の変化から八重山地区における遊撃戦も話題になった。

私としては「牛島閣下のお諭し」で明らかのように「日本は負ける」ことから生還することが本意であるので、遊撃戦を行う意図は全くなかったが、台湾参謀部情報別班の雰囲気としては与那国島での遊撃戦のために武器・弾薬等が必要と考え、一コ中隊分の必要量が支給されるに至ったものである。

このように、遊撃戦を行うつもりもなく、食糧は学校関係者や台湾からの搬送品の陸揚げ、洞窟への格納、廃棄処分するための搬出・放棄に従事した島民に配分した。

問11　宮島さんにとって、「沖縄戦」とは？

答11　日本は負けるという予感が以前からあったので敵との戦いにおいては必ず生還することを念頭において行動した。

二俣分校を修了して赴任先が沖縄だったので、日本語が共通でき島民の理解を得やすいと大変喜んだ。沖縄本島は位置からみて戦略的な重要な場所である。琉球列島をつなぐ〝かなめ〟の島であり、東方や南東から中国大陸・朝鮮半島、さらに日本本土をめざす米軍の進撃に対しても効果的な魅力的な目標である。もし、これを奪取できれば、攻撃軍としては日本本土に対する最終的な作戦を準備し訓練できるすぐれた基地を持つことになる。戦局は極めて悲観的な状況にあった。

大本営は本土決戦を決意された。米軍が沖縄本島に来襲した場合、中央ではこれを救済する手段はない。結局、沖縄は本土決戦のための捨て石部隊となろう。

私達の行う遊撃戦は、一般の軍隊が行う突撃・玉砕といった戦法ではなく、敵の状況をじっくり偵察し、攻撃して難なく帰還可能と判断した場合に潜行して破壊するという戦法で、生還できない場合は一回で終わり、玉砕と同じになるので行わないものなのである。そのための偵察が重要課題で、島の状況を良く知る島民の活躍は極めて大切なのである。

敵に悟られずに何回も攻撃して生還するという戦法は、またとない魅力のある戦法と言えよう。但し、沖縄では沖縄本島の遊撃隊の一部でしか行われなかった模様である。私の場合、沖縄本島から一番はなれた国境の島にいたため、戦局が殆んど分からず適切な行動ができなかったことは、誠に残念である。

『俣一戦史』に記述した私の沖縄戦は、戦後出版された沖縄戦に関する書籍や『陸軍中野学校』を資料として編さんしたものである。

戦後、中野学校出身者が派遣された島々では、その活動状況について問題点があるとして各地で批判された。波照間島での「戦争マラリア」禍はその最たるものである。しかし、八重山では与那国島だけが批判の対象にならなかった。県をはじめ八重山の市町村や地元新聞社では、与那国島には中野学校出身者は派遣されていなかったのかと不思議に思ったそうである。

私が、昭和五十六年（一九八一）四月十一日発行の『俣一戦史』の中で与那国島での活動状況を記述して紹介したが、その『俣一戦史』を与那国国民学校時代の先輩や同僚だった教師に送ったので、それを読んだ石垣市の市史編集室の職員や地元新聞社が、やはり与那国島にも居たのかと問題になったのである。与那国島の島民が、私達の活動を問題視しなかったのは、他島の状況と異なり島の人々を差別したり、迷惑をかけるような行動をしなかったからである。むしろ島民に溶け込もうとしたからである。

台湾から輸送船で島に持ち込んだ一コ中隊分の米や砂糖は、学校の先生や協力してくれた島の人々に配分すると共にマラリアで苦しんでいる家庭にはキニーネを給付したので大変喜ばれた。台湾から持ち込んだ武器・弾薬等はごく限られた一部の島民と秘密裏に処理して、戦後廃棄したので、一般島民の問題とする内容は生じなかったと思っている。

答9にでてくる『俣一戦史』（俣一会）とは二俣分校一期生で刊行した活動記録のことである。その中に記述された「牛島閣下のお諭し」とは、牛島満が離島残置諜者に対し直接述べた言葉のことである。牛島は、宮島らに対し「この戦争は負ける。敗戦後の日本の復興のためには貴君らの若い力が是非必要なのだ。貴君らが（故国復帰）の原動力となってほしい」と述べたという。宮島の「生還することが本意」とは、その言葉を実践するためだった。前述した氏元一雄（粟国島）、黒島の河島登もおそらく同じ考えだったのだろう。離島残置諜者らの中には、戦意を鼓舞し指揮を執って戦う意思の少ない者もいたと考えられる。

一方、牛島満は彼らに「生還せよ」と言いつつ、中野学校出身者から見ても「（遊撃戦は）小さな島では通用しない」（村上治夫）、「誰が考えても無理なことは自明」（宮島敏朗）という、無謀な計画で離島残置諜者を配置している。この矛盾した戦略をどう見ればよいのだろうか。いずれにせよ、離島残置諜者を配置した島々では、住民を戦闘員に仕立て上げ、米軍が上陸した場合、遊撃戦を実戦することになっていた。

「生還せよ」は中野学校出身者に述べているのであり、そこに巻き込まれる住民への思慮は見えない。

大本営陸軍部直轄特殊勤務部隊

沖縄本島——剣隊

大本営陸軍部直轄特殊勤務部隊

第一章で述べたように、大本営陸軍部直轄特殊勤務部隊（特務隊）とは、米軍上陸前に各離島に潜伏し、諜報・防諜・宣伝活動等を行い、常に沖縄戦の戦況を大本営へ送信するとともに、状況によっては住民を遊撃戦闘員に仕立て上げ、米軍の後方かく乱を行うことを主任務とする部隊である。さらに『陸軍中野学校』（中野校友会）には、「米軍に占領されてしまってからも、可能な限り潜伏して諜報活動を行い、その報告を無電によって本部（大本営）に直接報告する」と記されており、彼らの任務は沖縄戦況の報告以上に米軍占領後の諜報活動が重要視されていたと考えられる。

沖縄戦では沖縄本島、宮古島・石垣島・西表島に配置され、合計一三名の特務隊が潜伏していた。配置されたメンバーは表5のとおり。

沖縄本島に配置された特務隊は本島北部の一ツ岳に潜伏し、剣隊と呼ばれた。剣隊の陣地は日本軍の中でも秘匿だったという。

彼らの行動は四人一組。一日四回、第三二軍の戦況や米英軍機から漏れてくる無線を傍受し、それを解析して大本営へ送信することだった。西表島班以外、四人中一人は補助兵として、東部軍より転属された兵士が担った。剣隊では小川晄三軍曹がその任務にあたった。

剣隊隊長北一郎は、護郷隊隊長村上治夫と同じ三乙出身である。北一郎は米軍の攻撃で負傷し、一度は回復したものの再び米兵と交戦し戦死した。特務隊の中でただ一人の戦死者である。

表5　大本営陸軍部直轄特殊勤務部隊の配置

名　前	地域・班名	階級	種別
北　一郎	沖縄本島班・剣隊	大尉	三乙
若島啓次	沖縄本島班・剣隊	軍曹	六戊
堀内杉政	沖縄本島班・剣隊	軍曹	六戊
横田　勲	西表島班	中尉	三丙
上村　司	西表島班	軍曹	三戊
玉川作治郎	西表島班	軍曹	六戊
五十嵐章英	西表島班	軍曹	六戊
西岡栄一	石垣島班	少尉	六丙
松下義明	石垣島班	軍曹	六戊
鈴木民雄	石垣島班	軍曹	六戊
佐々木勝弥	宮古島班	中尉	六丙
成田孝一	宮古島班	軍曹	六戊
野村精一	宮古島班	軍曹	六戊

筆者は、護郷隊の調査として宮城康成（名護市、当時一七歳）に連絡を取った際、宮城は「私は護郷隊ではなく剣隊に配属された」と述べた。筆者は、その時初めて少年兵も剣隊に関わっていたことがわかった。宮城は次のように語ってくれた。

剣隊と少年兵

私は護郷隊に昭和十九年（一九四四）に入隊した。十・十空襲のあとの召集だった。青少年というか、みんなひっぱられて護郷隊に入隊して戦時訓練を受けた。明日からすぐというような形で召集されて、護郷隊で基礎的な訓練を受けて。それから私は十二月には通信隊に行かされた。護郷隊からは五名が配属されたと思うが、これが全然、違った別部隊の剣隊だった。

護郷隊から転属したのは、私と羽地（村）から新里ハツオ、それから久志（村）からも具志堅コウソウだったかな。私らの部隊は隊長まで入れて全員で一五名だった。本土から来たのは隊長の北一郎、堀内杉政と若島啓次、それと小川晄三という人。小川は通信の技術じゃなくて、総務みたいなことをずっとやっていた。下士官が二名で具志川出身のカミダ伍長、読谷村の山内兵長。二名は私らと同じ現地召集で、そして少年兵が五人ひっぱられて来ておった。読谷から二名、北谷、具志川……、羽地の新里ハツオ。全員で一五名くらいだった。

一九七九年（昭和五十四）、北一郎の遺族が名護市の宮城康成を訪ねてきた。宮城は剣隊の補助兵だった他の元隊員を集め、遺族との懇談会を開催した。遺族のひとり、北一郎の弟吉田三郎が宮城を含む元隊員らから聞き取り、「故陸軍少佐北一郎　戦没地慰霊探索行記録」という表題でまとめていた。元隊員らは北一郎が負傷した様子を次のように述べている。

北一郎の負傷

（北）隊長の予測が適中して四月一日米軍上陸。あっという間に沖縄は南北に分断され、情報収集は困難を極めた。四月九日隊長は若島軍曹と多野岳の拠点から源河川の谷に下り、名護方面の情報収集に出かけたが、中流の源河開墾あたりで待ちうけていた米軍の狙撃を受けた。隊長は左肩を背後から貫通、若島軍曹も身に数発。二名は源河川に飛び込み、四五度の崖のブッシュをかけ登る。米軍は二名が死んだと思ったのか深追いせず、軍刀、雑嚢など押収して引き揚げる。二名は分かれ分かれになったが、隊長は幸いにも護郷隊に救出され拠点に戻った。若島軍曹は相当おくれて帰ってきた。艦砲射撃も烈しく、名護方面から軍隊も山に入って来る。負傷兵も多い。一般避難民も入り込んできた。軍隊と一緒だとかえって危険だと説得するが、軍民間に食料の事などでトラブルも生じて来た。

名護岳拠点はすでにあきらめていたが、この多野岳拠点も見捨てて剣隊は一ツ岳拠点に移った。隊長をタンカで運んだ。この拠点は食料も乏しく、また湿気も多く、無線の発動機の音も高く隊長の負傷にもよくないということで、少し離れた所にバラックを建てて隊長を移した。そこは静かで風通しもよく、虫の声や小鳥の囀りも静養に良いだろうとの事だった。食事は交替で届けていた。隊長は村上治夫大尉の紹介で二〜三回幸地医師の手当てを受けだんだん回復に向っていた。間もなく、米軍は多野岳から北上し、一ツ岳に攻め込んでくるという情報が入って来た。（傍点は筆者）

北一郎を手当てした幸地新松医師には、ひとりの看護婦がついていた。比嘉和子（二一歳）である。比嘉は北一郎を二度、看病したという。比嘉は「（最初は）二人の兵隊が『多野岳にケガをした兵隊がいる』というので治療を（幸地医院に）頼みにきました。油井栄麿隊長の指示で私と幸地先生が多野岳に向かいました。ケガをした兵隊は、通信隊隊長の北一郎大尉でした。彼は護郷隊の村上隊長の隊長室に寝かされていました。北大尉のケガは背後から貫通し、傷口は化膿してウミが出ていました」と述べ、二晩泊まり込んで治療を行ったという。そして二度目は「一ツ岳に案内されました。私はひと月ほど北大尉の治療のため、一ツ岳の陣地に滞在しました。北大尉が歩けるようになると大本営と交信するためでしょうか、通信機を置いてある部屋と治療場所を行き来するようになり、私は『幸地先生のもとに帰りたい』とお願いしたところ、北大尉は快く帰してくれました」と回想する（『名護・やんばるの沖縄戦』）。

剣隊の戦争

剣隊に配属された少年兵らは、大本営へ通信するための発電作業だけでなく、護郷隊と連絡を取り合うための伝令役も担っていた。宮城は当時の様子を振り返った。

人前で「しゃべるな」とよく言われていた。「うかつにしゃべるな」と。特に通信隊だからね。通信隊の山小屋も全然わからないように、掘って、その上に材木を置いて芝生を植えて……。モールス線は木の枝を伝えて。だから初めて見た人はそこに何があるのかわからないでしょう。それぐらい丹念に秘密に。飲み水なんかずっと離れた所から汲んで来て足跡も何も残さない。

剣隊は北部の戦況を大本営に送る義務があったんです。北一郎の命令で。南部のこともわかるわけ。いちいち向こうに行けないもんだから、兵隊を通じて情報なんかも入ってきた。部隊を通じてある程度の南部の情報とかも入って来る。独立した部隊だからその情報を受け、そして本土に送ったりした。

私らの役割は、毎日、発電機を廻して電気を起こすだけ。山の中では電気がないから……、これでモールス送るから。二人漕ぎだから交替交替で、手で廻して、もう大変な労力だった。護郷隊がいる多野岳には夜も昼も行っていた。

戦争が始まって避難民が周りに集まるようになった。護郷隊が多野岳の食糧庫を（避難民に）ばらしてさ、何もかも倉庫に詰めておったからね。避難民にみんな盗られてしまった。私ら剣隊も、もう食糧難だからなんとも言えない。それっきり多野岳の陣地は食糧がなくなったんですよ。名護岳、多野岳、一ツ岳の三か所に分散して食糧を確保してね。救急食糧といって炊かないですぐ食べれるもの、米もあるんだが、野戦食だった。

（伝令を多野岳の村上隊長に伝えたあと、）ちょうど多野岳の後ろ側の大川で水を浴びておったわけ。暑いから川で浴びている時に上の方から兵隊がワサワサワサワサ（騒がしく）して、初めてアメリカ（兵を）見たわけ。黒（人）から白（人）からいてね、デージ（大変なことに）なった……と思ったら、北谷村出身の玉城という小さいのが、手をあげたら何もしないって言うから裸のまま手あげてね。ハワイ二世が来て、日本語で「兵隊か？」と聞くから「避難民だ」と言って。体が小さいから、避難民に化けて、羽地の山は曲がりくねっているから持っていた拳銃をワラビの中に突っ込んで、持っていると分かれば兵隊だとバレるから。拳銃を隠して、服装は避難民のおばさんたちの着物を貰って助かった。だが、川上カンパン（民間人の労働者用収容所）に入れられた。少年兵だけで三名ぐらい。具志川のカミダと、読谷の山内と。

カンパンから逃げて、剣隊に戻ると（北隊長が戦死していたので）堀内さんが代行になっていた。

宮城康成は「ある程度の南部の情報とかも入って来る」と振り返っており、同じく第一護郷隊員であった吉野毅（一六歳）も次のように述べている（『金武町史　第二巻』）。

私は（戦場記者の）上地報道班に配属された。それからは一ツ岳の剣隊に行って、情報の受領が私の日課であった（略）、（受信した中で）「大田少尉の率いる海軍部隊は、小禄方面で最後の切込みを敢行、牛島司令官の率いるわが軍は、敵と交戦しつつ南部へ転進中」とのことだったと覚えている。

南部戦線の戦況は、容易にやんばるの山中でも知ることができたのである。

北一郎の戦死

前述したように少年兵三人は、一度は米軍に捕まったがすきを見て逃げ出し、一ッ岳拠点に戻った。その時の様子を元剣隊員らは「故陸軍少佐北一郎　戦没地慰霊探索行記録」で次のように述べている。

やっとのことで拠点に戻ると、既に隊長は米軍の山地探索によって戦死とのことであった。戦死の当日（広報は五月二十七日）隊長のいる方角で烈しい銃声が聞えた。夕刻になるのを待ってかけつけると既に遺体であった。拠点に運び埋葬した。このことは堀内、小川両軍曹が詳しいと思う。

早速大本営に報告、堀内軍曹が隊長代行となり、八月十五日まで任務を遂行したが、敗戦、隊長も戦死ということで隊は解散した。器材や暗号書などは米軍の手に入らぬよう処分、隊長の遺体は掘り出し、頭部を焼いて他は再び埋葬した。島づたいに脱出した小川軍曹が、小松市の実家に帰したはず。

生前の隊長は全くの武士であった。常に軍刀を手入れしながら、これは祖先伝来の品といっていた。（実際は伯父吉田久作から貰ったもの）

一ッ岳拠点の麓の大湿帯村の人々と交際し、風呂をあてて貰ったり、食事をふるまってもらったりしていた。

生来短気で気性が荒かった。負傷後特にひどかった。しかし、酒を飲むとうちとけて話をし、平和になったら妻子をつれてアラビアに行くのだといって、アラビアの唄をよく歌っていた。

（宮城と同じ補助兵だった）山内氏は、私の妻は折から出産が迫っていた。隊長は気を使って出張や休暇を与えてくれた。また、女の子が生れたと告げると、八重岳の名をとって八重子と命名してくれた、となつかしがられた。

隊長戦死を村上大尉に報告すると、同期生のことガクンと力を落とされた様子だった。

剣隊の解散

一九四五年八月、大本営がポツダム宣言を受諾したあとも剣隊は、山中に潜伏していた。彼らは最低でも三年間、北部・やんばるの山中へ潜伏する計画だったという。宮城は次のように述べる。

私らは通信隊だから、武器はあったが使うということはなかった。私らの任務は、アメリカに占領されても部隊がなくなっても三か年は生き延びて地下に潜ってでもやりなさいと言われていた。川上カンパンから逃げ帰ったとき、（北一郎隊長が戦死していたので）堀内さんが代行になっていた。堀内さんが「三年間は頑張ろう」と言っていた。だから彼らは私たちを家に帰さなかったですよ。任務がそのまま継続。護郷隊は解散しているが、私らは最後まで解散しなくて、最後は大湿帯（集落）にいた。

しかし、もう食糧が無くなった。それと戦況がね、もう日本は負けたという宣撫工作もあって、そういうので私らもそろそろ解散しようということで判断して（一九四五年）十一月か十二月に解散した。めいめい家に帰りなさいと。

少年兵を巻き込んだ剣隊の沖縄戦は「三年分の食糧を保管し」「三年間は頑張る」ことを想定していた。おそらく米軍上陸後の諜報戦だったのであろう。

宮城は、「その後の彼らの行方はわからない。だが、若島啓次は戦後、名護の製氷会社に働いていた」と振り返る。

離島に潜伏した特務隊――宮古島班・西表島班

野村精一（大分県、二四歳）は宮古島へ潜伏した特務隊のひとりである。二〇一一年（平成二十三）七月、野村は宮古島に潜伏した時の様子を次のように語った。

宮古島班

（私が東京から）宮古島へ赴任するときは、兵器科が無線機等を準備してくれた。宮古島班に一台の無線だった。無線機は東京（正しくは神奈川県川崎市）の稲田登戸から持って行った。

東京から宮崎までは船で、宮崎空港から飛行機で沖縄本島まで行った。大本営を出たとき、那覇は空襲（で破壊）されていた。那覇の漁港や波止場は、みな輸送船が沈んでいた。那覇には一日か二日滞在した。

那覇から宮古島へはかつお漁船（二艘）で向かった。（那覇からの乗船は）宮古島と石垣島の二艘で船団を組んだ。船では大阪から来た慰安婦と一緒だった。石垣島班の西岡栄一さんらも一緒で、彼らは一緒に宮古島を経由して行った。石垣島のグループは船を降りず、（私は）宮古島で別れた。

宮古島に着いたとき、昔の女学校（県立宮古高等女学校、現在県立宮古高校野球場）に司令部があったが、生徒はひとりもいなかった。日の丸旅館（旧平良《ひらら》市）に一週間泊まった。

宮古島での装備は自分たちが赴任の時に運んだのではなく、のちに岩淵軍曹（特務班補助兵）が輸送船団を作り、荷物を運んでくれた。荷物は、携帯無線機一台、手回し発電機一台。武器、ひとり一丁の拳銃（三人分）だった。また、食糧は四名分の三年分を保管していた。お米、航空食（乾燥した食品のことで、干包食《かんぽうしょく》と言った）、野菜、缶詰、嗜好品（グリコのキャラメル等）、カンパン等々を持参していた。

宮古島での服装は、下は半ズボンの軍服、夏も冬も同じだった。日の丸旅館に滞在後、最初の生活は海岸近くにあった製糖会社の近く、百姓屋の一軒家を借りて生活した。便所が、豚が下からブーブー覗いて、ウンチをきれいになめて掃除したので、びっくりした。一軒家は、壁も戸もなく柱とすだれがところどころにあったが、炊事場はあった。この家で四名（佐々木勝弥・成田孝一・野村精一・岩淵軍曹）で生活をした。その一軒家に居るとき、小学校の子どもたちを集めて遊んでいた。成田さんと岩淵さんと三人で、子どもにカルタや字を教えたり、遊びを教えたりした。国民学校（城辺か）の新城キク先生とよく交流した。キク先生の夫は城辺診療所院長の新城孝雄さん。

平良の町にいるときは、師団司令部が近くにいたため、通信はしなかった。それゆえ暇で、ゆとりのある生活を送っていた。おじいさんやおばあさんと、お茶を飲みながら、昔話など、喜んで話をしてくれた。

潜伏

宮古島にはおよそ三万名もの日本軍が駐屯、島をあげて三か所の飛行場（六つの滑走路）建設が行なわれていた。米英軍機は、その飛行場を狙い執拗な攻撃を行なっており、住民は常に空襲に晒されていた。また、三万人という兵員数は、宮古島を食糧危機に陥れた。戦況の悪化に伴い、米英軍に制空海権を奪われるなか食糧確保は困難となり、二五〇〇名余りの日本兵が飢えとマラリアで亡くなった。そのような戦況化のなか、野村ら特務隊はどのように動いていたのだろうか。野村精一の言葉で見てみる。

宮古島へは、地図を持って行かず、宮古島を自分たちが見た後も、地図は作らず、目と勘で覚えた。疎開（次の拠点へ移ること）するまでは、朝起きて東の空を見て、敵が来てないかどうか確認した。島内をくまなく歩いた。ハンセン病患者がいたところ（国立療養所宮古南静園）は立ち入り禁止で、ハンセン病患者を隔離していた。宮古の島を歩いて、米軍が上陸したら、どこに逃げようか考えていた。

宮古島へは、偽名を使わずに赴任した。佐々木勝弥隊長には「とにかく、島の人は殺すな」「絶対死ぬことはならん」「絶対死ぬな、島の人は守れ」と言われていた。

傍受と送信

野村は大本営への送信の様子を次のように語った。

平良の町に住んでいる時は、民家に住んでいるので、アンテナを立てると米軍の標的になり、グラマンが飛んでくるので住民に迷惑をかけると困るため、アンテナが立てられなかった。防空壕、野原の防空壕に入ってアンテナを立てた。通信日は決っていた。当番兵は二人で通信隊（二八師団か）から来ていた。上等兵と一等兵の二名。二名とも内地出身。発電機を回したりするが、電力が足りず、交信ができない。軍隊は戦場で一般無線機に使う発電機を使用するが、容量が小さい。セールスマンが持っている鞄の大きさほどで、「トランク」（無線機のことか発電機のことか判明しない）と呼んでいた。大本営や沖縄本島、他の離島とは通信せず、稲田登戸という通信基地と交信していた。

宮古島は稲田登戸から一五〇〇キロ離れているため、電波が弱く日本の無線は入ってこない。反対に米英軍の通信はみんな聞いた。成田軍曹と私が翻訳して送信した。稲田登戸と交信するときは、当番兵が読む。成田軍曹が受信した時は、私が筆記する。私が受信する時は、成田軍曹か岩淵軍曹が筆記する。暗号表はひとつだけあり、佐々木隊長が保管していた。暗号表は、第二八師団とは関係なく特務班独自のものだった。

情報を発信しても返信が来ないため、通信本部と通じてるかどうか分からなかったが、とにかく発信した。沖縄本島や、他の離島とは通信はしていなかった。だから、沖縄本島に米軍が上陸したことや沖縄本島の戦況は知らなかった。しかし、佐々木隊長は、よく司令部に行き師団長・参謀本部長と会っていたので、知っていたかもしれない。

宮古島の第二八師団司令部は野原岳に移った。司令部の無線機は沖縄と台湾と全部続いており、私たちの携帯無線とは全然違っていた。師団長同士、やり取りできる無線機は大きな無線機。私たちは泥棒に入るような無線機。

　私たちはアメリカ軍の諜報ばかりで、東京からの情報は聞くだけだった。東京からの情報が入るには入るが、電波が薄いため聞き取れなかった。水晶発信機を使っていた。私たちの発信した情報も届いたかどうか分からなかった。

　野原岳の裏に、下の方に、与那浜に松林がある。松林の中でアダン葉が茂っているところの民間の家を買って、島の人が馬車で畳を運んでくれた。一〇mの深さがある井戸もあった。家は六畳が一つと四畳半が二つ。佐々木隊長、野村、成田、岩淵、当番兵二名、計六名で生活した。当番兵は交替ではなく、衣食住も同じでずっと一緒にいた。

　秘密書類は隠した。隠したものは暗号、日常の文房具、通信用紙、飛行食など。薬もあったはず。無線機は、馬車で平良の町から防空壕に運んだ。食糧は三年分もあり、敵がどこから攻めてくるか分からないため、（別の場所に）埋めて隠した。防空壕に移動した日は二月頃か。空襲がまだ来ていなかった。防空壕に移動してから毎日空襲があった。電波を出せば、敵の目標になるため、仕事（通信）は夜しかできなかった。昼間は、防空壕で、碁を打っていた。戦争が始まったら防空壕のなかでずっと通信をしていた。

野村は「戦後の同窓会で（大本営で）無線を受領していた同期に確認したところ、『無線は届いたが、何が書かれているのかさっぱりわからなかった』と言っていた」と、エピソードを語ってくれた。

敗戦時の特務隊

離島残置諜者及び特務隊同士の組織的な情報のやり取りは行われていなかったようである。野村は敗戦時の様子も含めて次のように振り返った。

> 与那国島へ離島残置諜者として潜伏した宮島敏朗さんは知っている。宮島さんが与那国島に赴任する際、宮古島によってくれた。当時、私は（宮島さんの）「柿沼」の偽名も、当時訓導として赴任することも知らなかった。
>
> 石垣島とは通信はしていなかったが、戦時中、ひとり（佐々木・成田・野村）ずつ石垣島では（第四五旅団が）どのような活動をしているのか見学に行ったことがある。もしも、宮古島に米軍が上陸してきたら、石垣島へ逃げようと考えていた。私たちはそういう教育を受けていた。石垣島でマラリアをもらい、宮古島に帰って発熱した。
>
> 沖縄本島の戦況は、情報によって知ったというより、宮古島の上空を、毎日飛行機

が飛んでいき、野原岳から何隻もの米軍の航空母艦が沖縄本島へ向かうのを目撃したことから、「これはもうダメだな」と思った。佐々木隊長が、城辺村の小屋で「もう解散、武器と弾薬を返納せよ！」と言った。当番兵は帰らせて、兵器は全部、無線機も分解して、畑に掘って埋めた。隊長から解散の指令が出されたのは、八月十五日の当日なのか、翌日なのか、覚えていない。戦争が終わったあと、防空壕で佐々木隊長以下みんなで「ばんざい」と言い、その後「やっと戦争が終わったぞ」とみんなに言って歩いた。

野村の本土送還

野村精一は敗戦後、特務隊のなかで最初に本土へ引き揚げたという。

平良の町で、師団長から佐々木隊長に「お前の班は（引き揚げ）名簿に載ってないから、誰か帰らせろ」と命令があり、私を選んでくれた。佐々木隊長は「お前だけは、先に帰ってから、大本営に行って、宮古島の様子を一部始終報告せよ」ということで、復員船に乗せてもらった。

復員するとき、佐々木隊長から百円札を二〇枚で二千円、それとお米をもらった。駆逐艦には、他の軍属・港湾夫（朝鮮人）や慰安婦と一緒だった。宮古島をでて、大分県佐伯に給油給水で停泊したが、下船できず、宇品まで行った。呉に上陸し、防疫を済ませ、広島駅までいった。大本営へ報告をしようと呉の復員局に行くと、「もうみんなお偉方は、お金持ってみんな逃げた。誰がどこにおるか分からん。今頃大本営に行っても、猫の子もおらんって。お父さんお母さんに元気な顔見せんかって」と笑われて、三百円をもらい帰省した。

宮古島に配置された三万人の日本兵は飢餓やマラリアで苦しみ、二五〇〇名余りが亡くなっている。一方、特務隊は第三二軍壊滅後の諜報活動に備え、三年分の食糧を貯えていた。彼らは、飢餓やマラリアで苦しむ日本兵をどうのように見ていたのだろうか。

西表島班

西表島へ潜伏したのは、横田勲中尉をはじめとした上村司・玉川作治郎の両軍曹であった。前出した松竹昇助は「護郷隊の隊長は横田だった。最初は今村中隊長だったんですよ。そして通信班が五・六名来たんです。その五名の隊長が横田中尉だった」と振り返る。また、内盛勇（前出）も「僕らは十二月に一カ月ぐらい訓練をやったんですよ。その時には東京の大本営から通信班が来たんだ。この人たちは偉い人ばっかり、軍曹と曹長とかが護郷隊にひっついた」と回顧した。通常、護郷隊と特務隊は所属が違うため、どのように統合されたのかは判然としない。だが、沖縄本島一ツ岳では「剣隊は全員で十五名だった」と宮城康成が述べていることから、西表島に潜伏した特務隊は人手不足で、横田が無理やり護郷隊員の一部を補助要員として手伝わせていたと考えられる。横田勲中尉と今村武秋少尉は「仲が悪かった」という。

護郷隊員だった松竹昇助と内盛勇は、いつの間にか特務隊で発電機を廻す役目を負わされていた。

松竹　彼らと一緒に山の中に入って交信した。山の中では思いっきり発電機を回さんと通じないよ、ということで大変きつかった。

内盛　重いんだ、これが。ジュー、ジュー、ジュー、ジューって両方からね。

松竹　彼らの通信が終わるまではとにかく回した。

内盛　二時間ぐらいは回した。

松竹　線だけさっと引いて、木と木の間に線を引いて自分のところに引っ張ってきて僕らが回すと、トン・ツー・トン・ツーだった。

内盛　だから戦争負けたときでもすぐ大本営、天皇陛下の言葉もみんな入ってきた。

島袋正雄（竹富町、一七歳）は「広島、長崎に大きな爆弾が落ちたと噂があった。そこに住んでいた住民が死んで全滅したと聞いた」と回顧する。おそらく大きな爆弾とは広島、長崎への原爆投下のことであろう。原爆投下は、西表島にもすぐに伝わった可能性が高い。

西表島班、護郷隊の解散

松竹昇助は「僕なんかはテドウ山にいたとき、終戦だったんですよ。そしたら夜中起きろと言われて起こされたんです。僕らには全然、終戦のことを言わないで、明日の朝みんなで下りるからその準備やれって言われて、下りてきたら上原《うえばる》の住民に『日本負けたって、兵隊さん』って聞かれたもんね。『ばか、日本が負けるか』って言いながら、兵舎へ帰って来てから分かった。民間人が情報が早かったよ」と述べる。そして「僕らは、中隊に戻ってから銃の菊の御紋章を全部消したよ。『菊の御紋章が付いているものは全部傷つけろ』と言われて、あのあとで中隊全部集めて、ここで負けたということもはっきり言われて。僕ら三日ぐらいして家に帰った」と付け加えた。

黒島出身の広沢廉孔（一六歳）は終戦直後に病気を患ってしまい、一週間ほど、祖納集落に滞在していたという。広沢は「祖納に戻ってからですよ。祖納で解散。僕は病気にかかって一週間ぐらい遅れて帰った。その時は、残務整理で上司の連中はいっぱい居たんだ」と振り返る。

横田勲中尉率いた特務隊の解散時期は不明ではあるが、護郷隊が解散した時期には、大本営への連絡はすでに終えていたと考えられる。

大本営直轄特殊勤務隊の最終目的だった「米軍上陸後の潜伏」は日本政府がポツダム宣言を受諾したことでなくなった。だが、米軍による基地建設は止まることなく続けられる。

陸軍中野学校と本土決戦――エピローグ

これまで述べたとおり大本営及び日本政府は、最終決戦の場は本土になるとにらんでいた。

国内遊撃戦・「決号作戦準備要綱」

参謀本部は、第三二軍が壊滅したあとの次の戦略として、米軍占領下となる沖縄に陸軍中野学校出身者を潜伏させ、米軍を後方からかく乱・攻撃する戦略だった。また、それとは別に大本営陸軍部直轄特殊勤務部隊を沖縄本島・宮古島・石垣島・西表島へ潜伏させ、第三二軍の戦況とその後沖縄に駐留するであろう米軍の動きを諜報し、大本営へ直接送信することも計画していた。それはすべて本土決戦を有利に戦うことが目的だった。

大本営は本土決戦を「決号作戦」と位置付け、沖縄へ米軍が上陸してからおよそ八日後の四月八日、「決号作戦準備要綱」を下令した。そこには「主戦面は太平洋および東シナ海正面とし、戦備の重点を関東、九州に保持する」とし、九州・四国においては六月上旬までに応急態勢を整え、十月以降には各地で戦闘態勢を完了することが記されている。

具体的な戦略として、海上では戦闘機で米軍の輸送船団を襲い、それでも上陸してくる米軍に対しては、「沿岸要域で圧倒撃滅」すること。さらに、米軍の一部が内陸部まで上陸してきた際には「国土の特性を活用し、特に軍民一致挙国皆兵という伝統の精髄を発揮」すること。そのため早急に「国土全域にわたり国内抗戦を準備するとともに、国内警備に万全を期する」(『陸軍中野学校』中野交友会)というものであった。

大本営及び日本政府は本土決戦、特に地上戦となる地域においては軍だけでなく住民も兵士となり、米軍との交戦を当然のように計画していたのである。

一方、米軍はすでに沖縄戦で戦った護郷隊の存在を知っていた。新たに米国立公文書館で「GOKYO TAI」と題された文書が保管されていたことが判明したのである。その六月の報告書には「護郷隊は、訓練によって軍国主義の精神を刷り込まれている」「天皇のため、自らの命を犠牲にしてまで攻撃を行う部隊だ」(『僕は少年ゲリラ兵だった』)と記されているという。

少年らを召集し兵士に仕立て上げた日本軍と、自らの命を犠牲にしてまで攻撃を行う少年兵の存在をあらかじめ知っていた米軍が本土決戦で対峙したらどうなるのか。米軍は少年らを誰が兵士か見分けがつかず、無秩序に殺戮を行っていたと誰しも予想できる。

だが、大本営は一九四四年十月から始まった特攻隊、沖縄で少年を兵士に仕立て上げゲリラ戦を実戦させたことと、全く同じ延長線で本土決戦に突入しようとしていた。後述するが、「義勇兵役法案」を帝国議会に提案した陸軍少将那須義雄は「義勇兵役は、建国以来我が国兵制の根本義たる国民皆兵の本旨に基き、帝国臣民に附与せられましたる崇高なる義務でありまするとと同時に、最高の栄誉」と述べており、国体護持のために国民が兵士になることは「崇高なる義務」で「最高の栄誉」と位置付けている。

守られるべき国民が戦うべき国民へと変容したのである。

では、具体的に「決号作戦準備要綱」はどのように地域の中に入り込んでいったのだろうか。住民が組織された地区特設警備隊と国民義勇隊を『俣一戦史』（俣一会）を中心に見てみる。

一九四五年（昭和二十）三月二十二日、国民を兵士と仕立て上げる法律「国民義勇隊組織ニ関スル件」が閣議決定された。沖縄では米軍による艦砲射撃が、今まさに始まろうとする日であり、米軍の本島上陸のおよそ一週間前のことである。その二日後（二十四日）、日本政府は「本土における戦場態勢を確立するため」、「有機的作戦組織を強化」し、「官民の国民戦闘組織を速急に完整すること」を目的に、全国に「地区司令部及び地区特設警備隊」を編成した。

地区司令部のもっとも大きな役割は、「官民と密接なる連携を計り且つ一般地方行政組織との関係を調節する」ことである。その中心は地域に住む在郷軍人等であり、国民への軍事指導等は地方長官、町、村長等を通して行い、「一億国民をして各々其の職域に邁進し戦争に従事せしむる為、精神指導は須臾（しばらくの間）も忽（おろそかに）」してはいけない、という任務が与えられていた（「陸密大二二〇五八號」昭和二〇年四月二四日）。

地区特設警備隊

地区特設警備隊は、民間人で構成された「軍隊組織」のひとつであった。地区特設警備隊の召集対象者は市・区・町・村などに居住する在郷軍人をはじめとした地域住民であり、一隊の編成基準を隊長佐（尉）官以下三〇〇名。隊長もしくは尉官の一名は遊撃戦教育修得者である陸軍中野学校出身者であった。隊員となった住民らは三日間の遊撃戦訓練を受けており、米軍が上陸し自らの地域へ潜入した場合に実戦する想定だったという。

全国に配置された中野学校出身者

東北の山形師官司令部より山形地区司令部へ転属命令を受けた谷内田勝衛（俣二）は「最初の教育として青少年を対象にした。町の小学校の教室を借り青少年百名位を召集」「装備など何一つない部隊なので、皆で手分けして近くの工場や学校から小銃、木銃などを始め、借りられるものは何でも借用した。二泊三日」と述べ、「次に婦人部隊の訓練を実施することになり、その準備に忙殺された」と回想する（『俣一戦史』）。宮城県に配置された蓬田重兵衛は「地区隊員は各地区の在郷軍人の召集による。一地区隊の要因は八〇名～一〇〇名。特警隊は完全武装の作戦部隊ではなく、兵器や被服もない国民兵である（平均年齢四五歳）。当時の正規部隊でも一部には編上靴代わりにわらじをはき、竹製の水筒に木短剣着用といった具合で」「資料を参考に遊撃戦兵要地誌の調査と作成に取りかかる」と振り返る（同前書）。

神奈川県の沿岸部相模湾防衛を一任された第三一六師団の師団長柏徳中将は「馬匹等の配当なく且つ武器も極めて不十分にして小銃の如きも三八は皆無、お粗末なる代用品のみなり（竹棹に千本を準備せり）」と後日述べている（大西比呂志他『相模湾上陸作戦』）。

その柏徳中将の配下である第三四九連隊は茅ケ崎《ちがさき》沿岸に配置された。先遣隊となった本田喜久小隊長は「ここに敵が上陸してきた場合は全部敵の戦車の下敷きになる。一人一人が特攻だ」「後から黄色爆薬、梱包爆薬を一〇キロほど配給するから、それぞれそれをもって戦車の下に入ればいい。二時間もてばよいと。そういう部隊であった」と述べている（同前書）。

九州鹿児島県の大隅半島で巡回教育を行っていた桜井立彦（俣一）は「各自治体はすでに、連隊区司令部の指示により兵事係を中心に防衛隊幹部によって受け入れ準備が出来ていた」と述べる。また、南那珂郡方面（鹿児島県）を受け持った黒井章一（俣一）は「本土決戦にそなえての遊撃戦の訓練を在郷軍人に指導」したと述べており、出水地区（鹿児島県）に配属された穴見輝喜（俣一）は次のように振り返った（『俣一戦史』）。

（一九四五年）六月下旬、地区内在住の在郷軍人を召集、教育・訓練開始、本部・分屯隊毎に実施した。教育内容は遊撃戦法。期間は二泊三日、小学校・青年学校を借用、寝具や食器類は地域婦人会に協力を依頼して借用した。七月下旬、同じく第二回目の教育を実施したが、今回は下士官、兵に加えて徴兵適齢以下の青少年約二〇〇名を集め、昼夜間訓練を実施、これら青少年は日帰りにしたが、かなり苦しい訓練だと思われた。

その他、国民義勇隊法の施行により、主婦・女子青年隊を編成して訓練を行うほか、待避壕の設置を阿久根・出水地区の山中に二カ所準備した。

東北の山形地区司令部の谷内田も述べるように、本土決戦に向けて在郷軍人に限らず、徴兵適齢以下の青少年、主婦・女子青年らを遊撃戦闘員として仕立て上げようとしていた。おそらく次に述べる国民義勇隊教育のことであろう。穴見は「(武器は) 小銃 (三八式) 約二〇〇が七月上旬に地区司令部から交付支給・学校倉庫を借用して格納管理する。また、槍 (穂先のみ) 約三〇〇本を町鍛冶屋にて作成準備。さらに米軍不発弾を回収、爆薬として確保」と回想しており、全国各地で沖縄戦同様にわずかな武器で米軍を迎え撃とうとしていたのである。

九州圏内に編成された地区特設警備隊は福岡三〇個、佐賀一一個など、長崎、熊本、大分、宮崎、鹿児島を合わせると一二〇個が編成されたという。計画どおりの一個隊三〇〇名で合算すると隊員数三万六〇〇〇名の住民が召集対象者となる。

国民義勇隊

国民義勇隊編成の目的は、全国民をあげて国民義勇隊を組織させ、国内の防衛態勢と生産を一体化させるとともに、米軍が上陸してきた場合には兵士となり、武器を執って戦うことであった。

一九四五（昭和二十）年六月九日、沖縄で軍司令官牛島満中将らが南部へ追い込まれ、第三二軍の壊滅が近づいた頃、国会内では「義勇兵役法案」が話し合われていた。法案を提案した陸軍少将那須義雄は、「即ち一億をして真に皆兵に徹し、其の総力を結集して敵撃滅に邁進」させる、と述べており、そのためには「憲法に基く兵役に服せしめ」「天皇御親率の軍隊に編入し、帝国軍人たるの栄誉と責務の下」武器を執るか、あるいは「作戦軍の後方業務、其の他総動員業務等に挺身せしめ」（第八七回帝国議会衆議院　義勇兵役法案外一件委員会議録（速記）一回　昭和二十年六月九日付）と述べている。

沖縄が地上戦となる直前に、男性は防衛隊として、女性は看護隊として召集されていく様を同じように踏襲していたのである。そして六月二十三日、第三二軍牛島満中将・長勇参謀長が自決、沖縄で戦略的な戦争が終わったとされる日、日本政府は「法律第三十九号義勇兵役法」を官報で国民に通達した。

まるで、次なる本土決戦ですべての国民を兵士に仕立て上げ戦うとでもいうようなタイミングである。

義勇兵役法は、「国民義勇隊組織ニ関スル件」を基盤に「法律第三十九号」（第九条まで）「法律第四十号」（第十条まで）で成り立っている。義勇兵役法第二条では男子は年齢一五歳に達する年の一月一日より六〇歳の年に達する十二月三十一日までの者、女子は年齢一七歳に達する年の一月一日から四〇歳に達する年の十二月三十一日までの者、と具体的に対象年齢を示しており、より幅広い年齢層の国民が召集され始めていたことがわかる。また、第三条では「義勇兵に志願する者は勅令の定めるところにより之を義勇兵にすることを得」とあり、つまり年齢一五歳以下でも志願ならかまわないというものであった。そして召集された少年・少女たちがいつでも国の必要に応じて戦闘員となれるように、第五条では「必要に応じて（略）召集し国民義勇戦闘隊に編入す」というレールを敷いていたのである。

根こそぎ召集法

「義勇」とは『広辞苑』（岩波書店）をひも解くと「正義を愛する心から起きる勇気」「進んで公共のために力を尽くすこと」。義勇兵とは「徴兵によらず、自ら進んで応募する兵。（略）志願兵制度の一種」と記されている。従って、語義からすれば義勇兵とは国（政府）が法律でしばり召集する兵士ではない。だが、義勇兵役法では第七条に「義勇召集を免るる為逃亡し、もしくは潜匿し（かくれたり）、又は身体を毀傷し（きずつけ）、もしくは疾病（病気）を作為し、其の他、詐偽の行為を為したる者は二年以下の懲役に処す」とあり、日本政府は「義勇」という名で国民を募る一方、取りこぼしがないよう懲役を含めた法律で強制的に召集できるよう基盤を整えたのである。

また、これまでの大政翼賛会、大日本婦人会等の既存の組織も、国民義勇隊に統合されており、まさに「義勇兵役法」は、「即ち一億をして真に皆兵」（陸軍少将那須義雄）とする根こそぎ召集法だった。

宮崎県の遊撃戦計画を策定した高橋章（俣一）は「一九四四年十二月、大本営陸軍からの命令を受け、宮崎におけるゲリラ戦計画を作った。ゲリラ戦を幹部に教育し、それを若いものに実戦的にやらせる」と述べている。また、中野学校出身者から指導を受けた八児雄三郎（陸軍上等兵）は「一九四五年一月に（中野出身者から）指導を受け、大分県の少年たちにゲリラ戦の訓練を行った」と述べ、「十三歳から十五歳くらいまでの少年、その少年を我々が訓練して、敵の上陸にそなえてどういうふうにしたらいいのか、ある程度の遊撃隊の基礎だけを訓練しておけばいざというときに役に立つ」「一声でバーと動いてくれる」（NHKスペシャル番組『あの日、僕らは戦場で〜少年兵の告白〜』）と続けた。

すでに全国の国民学校では、朝礼等で子どもたちが「小国民興（起）きよ」と、万歳三唱のように両手を上げ大きな声で唱えていた時期であった。

全国の少年たちは、沖縄の少年兵・護郷隊と同じように、「故郷は自らの手で護る」という名目で訓練を行っていたのである。

『陸軍中野学校』（中野交友会）では、全国各地に配置された中野学校出身者の名前が記載されており、その名前を数えると北海道・樺太八一名、東北二九名、関東・甲信越九九名、東海地区五三名、中部・中国及び四国一〇七名、九州一〇四名となっており、沖縄・奄美諸島の四九名を含めると少なくとも五〇〇名をあまる。

各地に配置された陸軍中野学校出身者らは遊撃戦を行うことなく敗戦を迎え、陸軍中野学校出身者も含めた多くの国民が命を落とさずにすんだのである。

沖縄戦と戦争責任

村上治夫をはじめとした陸軍中野学校出身者らは沖縄に派遣された時点で、国体護持のため自ら「捨て石」となることを覚悟していた。村上は、その国体護持のために少年たちをも巻き込んでしまったという意識からなのか、自著書で「其の後約束通り毎年慰霊祭を執行している。体調不良等悪条件が重なっても慰霊祭を執行することが、自分に課せられた責務であると共に、生き甲斐と考え続けている」と述べている。

私は、戦争は最大で最悪の人災と考える。戦争が人災である以上その責任は負わなければばならず、特に戦争指導者・指揮官・行政責任者等は戦争責任から逃れることはできないと確信する。村上治夫は、戦死した護郷隊員らを弔うことで自らの戦争責任に向き合っていたとも考えられる。

だが、ほとんどの戦争指導者がそうであるように、「社会の流れから戦争は当たり前だった」「あの時は仕方がなかった」と、戦争責任を社会全体に押し付け、戦争を肯定する社会をつくりあげた人々、日本政府に対し、その責任を追及しない姿勢には疑問を持つ。

敗戦直後に首相となった東久邇宮稔彦王《ひがしくにのみやなるひこ》は、国体護持の思想あらわに国会の施政方針演説で「事ここに至ったのは、もちろん政府の政策がよくなかったからであるが、また国民の道義のすたれたのもこの原因の一つである。この際私は軍官民、国民全体が徹底的に反省し懺悔しなければならぬと思う。一億総懺悔することがわが国再建の第一歩であり、わが国内団結の第一歩と信ずる（略）」（一九四五年九月五日）と述べた。いわゆる「一億総懺悔」論である。

東久邇宮は防衛総司令官大将として一九四四年五月二十四日に来沖し、第三二軍司令部を視察していた。そこで何を語ったかは不明だが、戦後自ら「一億総懺悔」を呼びかけたことで、東久邇宮自身の沖縄戦を含めた戦争責任はなくなった。

「一億総懺悔」論は、荒廃した国・国民を混乱させずにすんだ、という見方もある。しかし、それ以上にアジア太平洋戦争を引き起こし、日本人だけでも三一〇万名（厚生労働省）ともいわれる人々を犠牲にしたこと。それだけでなく、その遺族は何倍にものぼり、特に働き手を失った女性、家族を失った障がい者、両親を失った子どもたちなどは塗炭の苦しみをなめるようにして生き抜いてきた。戦争を起こした罪ははかり知れないほど大きいことは明らかである。

自らの国民を犠牲にしただけでなく、アジア諸国への侵略戦争を否定し、戦争責任を負おうとしない現在の日本政府の姿を見ていると、国体護持の思想は未だに潜んでいると感じる。

あとがき

二〇一〇年、筆者が本格的に護郷隊を調査し始めた頃、村上治夫のご長男と出会った。すでに村上治夫が他界して四年後のことである。

ご長男は、私の質問に気さくに答えてくれ、ひとりの陸軍中野学校出身者を紹介してくれた。それをきっかけに数名の中野学校関係者及び自著書・資料等に出会い、私に元護郷隊員らが投げかけた「なぜ、私たちのような少年が兵隊にならないといけなかったのか」という疑問が解け始めた。その答えは、本書でまとめることができたと思う。

私はご長男と年に一、二度会うたびに「治夫さんはどのような人物だったのですか」、「治夫さんは何か資料を残していませんか」と質問をしていた。だが、彼は「(父は) 寡黙な人で、陸軍中野学校の話、戦争の話をすることはほとんどなかった」と答え、資料等に関しては「何もありません」という返答だった。ところが、村上治夫氏の自宅を解体することになり、その際に屋根裏からアルバムや新聞記事が貼られたスクラップ帳、いくつかの資料等が出てきたと連絡が入った。今では村上治夫ご家族の厚意で名護市史編さん係に保管されている。

その中で切り抜かれた新聞記事が所せましと貼られたスクラップ帳を紹介したい。その貼られた新聞記事には残念ながら、新聞社名や年月日が記されていないが、内容から見ると一九五八年から五九年ごろだと考えられる。

スクラップ帳は大きく三つに分けられ、ひとつは村上治夫の好きな自然植物関係等である。そして二つ目が自ら沖縄タイムス紙に連載した「護郷隊」の記事であり、三つ目には桜木を沖縄に贈るために取り組んだ記事が多く添付されている。

村上治夫は、米軍へ投降する際に「亡くなった護郷隊員を弔いたい」と要求しており、元護郷隊員らにも、毎年慰霊祭を執り行いたい旨を約束していたという。

沖縄は一九七二年まで米軍統治下（的）という地位にあり、元軍人（特に村上は要注意人物扱い）にはなかなかパスポートが許可されないのが実状だった。大阪に在住していた村上は、様々な画策を立て、一九五六年（昭和三十一）二月に「少年護郷隊慰霊碑」と記された卒塔婆を持って再び沖縄の地を踏み、最初の慰霊祭を執り行っている。その際に約

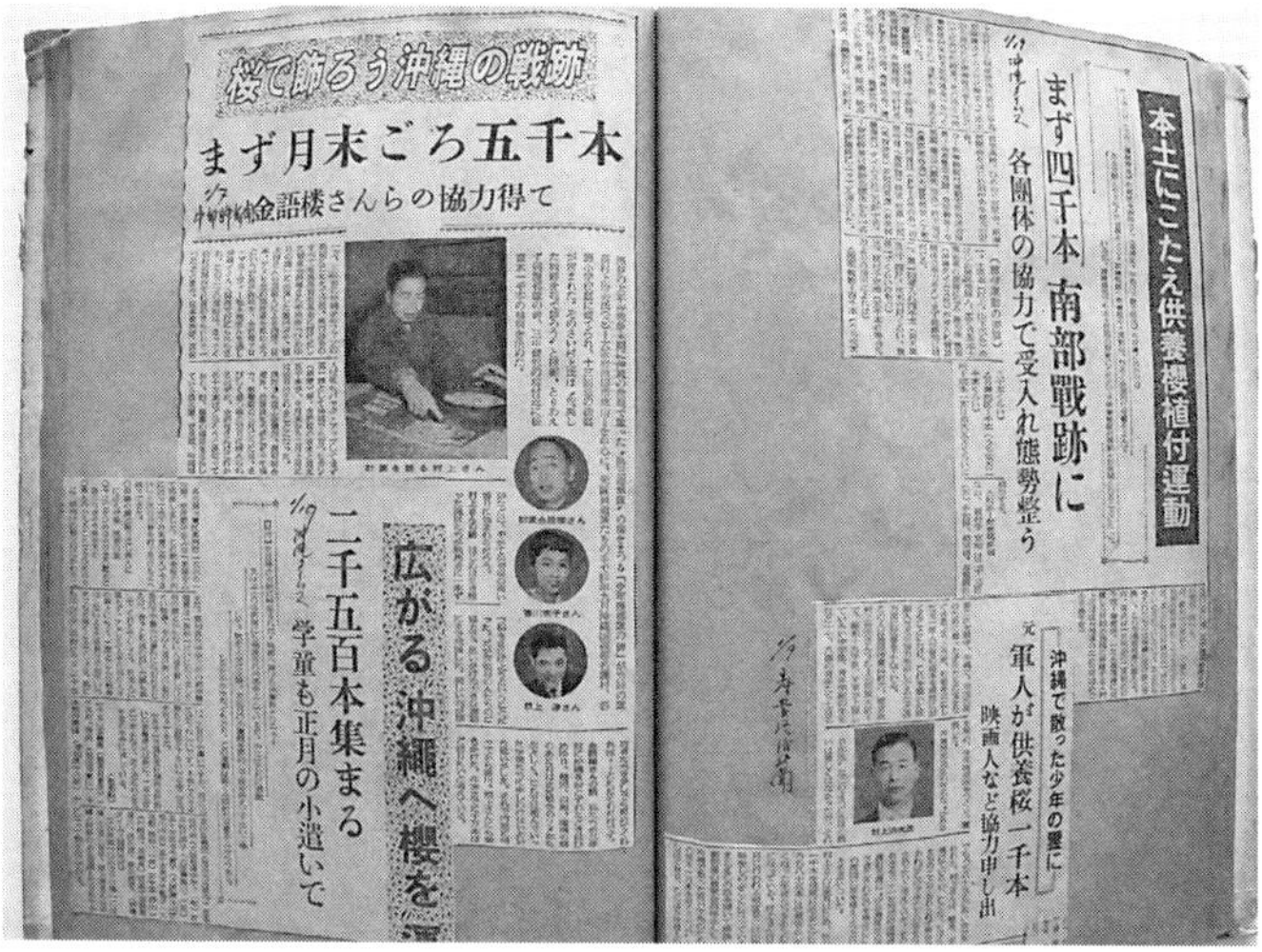

図16　村上治夫の新聞スクラップ　名護市教育委員会提供

二か月間滞在し、元副隊長照屋規吉・元小隊長瀬良垣繁春をはじめ、数人の元幹部隊員たちと一緒に、亡くなった元護郷隊員の家々を訪問、位牌に手を合わせていた。

　村上は毎年慰霊祭を執り行いたく、農園・園芸を中心とした園芸会社まで設立した。商業活動であれば、沖縄に自由に行き来できると考えたからである。その後、村上は大阪の知人・友人、元護郷隊員たちの協力を得ながら一三回忌法要に間に合わせるようにして、名護小学校校門横の旭が丘に、石碑「少年護郷隊之碑」を建立したのである。

　さらに村上は、一三回忌を執り行った

際に「荒廃した戦跡を花で飾ろう」(『中部日本新聞』一九五八年か)と考え、少年護郷隊之碑、三中健児之塔付近に桜苗木一〇〇〇本の植樹を決定。その準備に取りかかっていた。村上は当時の沖縄タイムス大阪支社長松村実氏の後押しもあり、「沖縄へ供養桜を贈る会」を発足。その発起人代表には落語家の柳家金語楼氏の名前が記されている。また、供養桜は名護だけでなく「まず四千本南部戦跡に」(『沖縄タイムス』一九五八年か)と、沖縄本島全域に広がった。木々の種類や本数は各県で思い思いに広がり、例えば福岡では「第一便として杉、松、ひのきなど二万本の苗木を送ろうという動きがある」(『朝日新聞』と考えられる)。鹿児島からは「合計五万本で鹿児島港出港の那覇丸で積み出された」と記されている。その他見出しには「福岡の遺族たちが　聖地に楠を贈る」「百数種の苗木一万本　池田市が送りだし準備」(大阪)など、「全国的な反響よぶ」(大阪)との見出しで記事が貼られている。受け入れ地である沖縄では「本土から新春お年玉　聖地へ捧げる供養桜金語楼さんら芸能人や遺族の手で」(『沖縄タイムス』一九五八年一月一日)という記事が掲載されている。

ご長男は「父は寒い日も自宅のそばを流れる河原で桜木を洗っていた」と回想する。村上が沖縄を訪れるたびにいつも一緒だった瀬良垣繁春は「残念ながら、吉野桜は沖縄の気候に合うことが出来ず、根付くことはなかった」と振り返った。

スクラップ帳からは村上治夫の人となりが垣間見える。

話を沖縄の現状に転じると、国土面積の一％にも満たない沖縄には、在日米軍基地のうち七〇％以上が横たわっている。その起点は沖縄戦中であり、日本本土が高度成長期で湧いていた頃、沖縄では強権的に土地が奪われ、さらに米軍基地が拡張されていった。そのことをどれぐらいの日本国民が知っているのだろうか。戦後七三年経った今、基地建設問題は宮古島・石垣島・与那国島などの自衛隊基地へとつながる。

日本政府のいう防衛政策において、日米同盟を理由に県内で新たな基地が建設されるなか、沖縄県民のことを憂う人々は少なくなり、逆に罵倒するような言葉を浴びせる人、沖縄の基地問題に無関心の人々が増えていると感じるのは私だけではないだろう。それは沖縄戦を体験した人々が年々減少することで、箍《たが》がはずれたような拡がりを見せている。

沖縄戦体験者の多くは「基地があるところから戦争はやってくる」と語る。今、新基地建設問題で揺れている辺野古・キャンプシュワブのゲート前には沖縄戦体験者と、その体験を受け止め、かつ米軍基地から派生する事件事故を他人事でないと感じた人々が座り込んでいる。それは宮古島・石垣島で建設されようとしている自衛隊基地の前に座り込む人々も同じである。だが、日本政府はその人々を強権的に取り締まり、多くの無関心（者）が、その場（面）を通り過ぎる。沖縄の「捨て石」は、まだ続いているのだろうか。そして、沖縄戦で贖罪の念を背負ってしまった故村上治夫氏は、今の沖縄をどのように見ているのだろうか。

最後になるが、本書を執筆するにあたり図表の提供など、名護市教育委員会から多大な協力を頂いた。ここに記して感謝の微意を表したい。

二〇一八年二月

川満　彰

参考文献

池原貞雄編『さともり』郷護の会（一九八六）
石垣市史編集室編『市民の戦時・戦後体験記録　第二集―あのころわたしは―』石垣市役所（一九八四）
石原昌家『虐殺の島―皇軍と臣民の末路―』晩聲社（一九七八）
石原ゼミナール・戦争体験記録研究会『もうひとつの沖縄戦―マラリア地獄の波照間島―』ひるぎ社（一九八三）
沖縄県教育委員会編『沖縄県史　第一〇巻各論編九　沖縄戦記録二』沖縄県教育委員会（一九七四）
沖縄県教育庁文化財課史料編集班編『沖縄県史　第六巻各論編六　沖縄戦』沖縄県教育委員会（二〇一七）
大城将保編・解説『十五年戦争極秘資料集　第三集　沖縄秘密戦に関する資料』不二出版（一九八七）
大西比呂志・栗田尚弥・小風秀雅『相模湾上陸作戦―第二次大戦終結への道―（有隣新書）』有隣堂（一九九五）
「恩納村民の戦時物語」編集委員会編『恩納村民の戦時物語』恩納村遺族会（二〇〇三）
金武町史編さん委員会編『金武町史　第二巻　戦争・本編／証言編』金武町教育委員会（二〇〇二）
久米島の戦争を記録する会、徳田球美子・島袋由美子編『久米島の戦争』なんよう文庫（二〇一〇）

護郷隊編纂委員会『護郷隊』大同印刷（一九六八）
竹富町史編集委員会町史編集室編『竹富町史　第一二巻資料編　戦争体験記録』竹富町役場（一九九六）
仲田精昌『島の風景―少年の心に記録されたもうひとつの〈沖縄戦〉―』晩聲社（一九九九）
中野交友会編『陸軍中野学校』中野交友会（一九七八）
名護市戦争記録の会・名護市史編さん委員会（戦争部会）・名護市史編さん室『語りつぐ戦争　第一集』名護市役所（一九八五）
名護市教育委員会文化課市史編さん係編『語りつぐ戦争　第三集　やんばるの少年兵護郷隊―陸軍中野学校と沖縄戦―』名護市教育委員会（二〇一二）
名護市史編さん委員会編『名護・やんばるの沖縄戦』名護市役所（二〇一六）
畠山清行著・保阪正康編『陸軍中野学校終戦秘史（新潮文庫）』新潮社（二〇〇五）
福地曠昭『少年護郷隊―スパイ遊撃隊による山中ゲリラ戦―』沖縄時事出版（一九八七）
藤田昌雄『日本本土決戦―知られざる国民義勇隊の全貌―』潮書房光人社（二〇一五）
防衛庁防衛研修所戦史室編『戦史叢書　沖縄方面陸軍作戦』朝雲新聞社（一九六八）
防衛庁防衛研修所戦史室編『戦史叢書　本土決戦準備二―九州の防衛―』朝雲新聞社（一九七二）
俣一戦史刊行委員会編『俣一戦史―陸軍中野学校二俣分校第一期生の記録―』俣一会（一九八一）
宮里松正『三中学徒隊』光文堂印刷（一九八二）
宮良作『日本軍と戦争マラリア―沖縄戦の記録―』新日本出版社（二〇〇四）

村上治夫『沖縄戦秘史』手記、防衛省防衛研究所
本部町史編集委員会編『本部町史　資料編一』本部町役場（一九八四）
森杉多『空白の沖縄戦記—幻の沖縄奪還クリ舟挺身隊—』昭和出版（一九七五）
山田朗『昭和天皇の戦争—「昭和天皇実録」に残されたこと・消されたこと—』岩波書店（二〇一七）
読谷村史編集委員会編『読谷村史　第五巻資料編四　戦時記録　下巻』読谷村（二〇〇四）
NHKスペシャル番組『あの日、僕らは戦場で—少年兵の告白—』NHK（二〇一五）
NHKスペシャル取材班『僕は少年ゲリラ兵だった—陸軍中野学校が作った沖縄秘密部隊—』新潮社（二〇一六）

著者紹介
一九六〇年、沖縄県コザ市に生まれる
二〇〇六年、沖縄大学大学院沖縄・東アジア地域研究専攻修了
現在、名護市教育委員会文化課市史編さん係嘱託職員

主要論文
「沖縄本島における米軍占領下初の学校『高江洲小学校』—米軍占領下初の学校設立の再考とその教員と子どもたち—」(沖縄大学地域研究所『地域研究』七、二〇一〇年)
「『御真影』たちの沖縄戦」(『戦争責任研究』六九・七〇、二〇一〇年)
「陸軍中野学校と沖縄戦」(『戦争責任研究』七九・八〇、二〇一三年)

歴史文化ライブラリー
466

陸軍中野学校と沖縄戦
知られざる少年兵「護郷隊」

二〇一八年(平成三十)五月一日　第一刷発行
二〇一八年(平成三十)九月一日　第二刷発行

著　者　川《かわ》満《みつ》彰《あきら》
発行者　吉川道郎
発行所　株式会社 吉川弘文館
東京都文京区本郷七丁目二番八号
郵便番号一一三—〇〇三三
電話〇三—三八一三—九一五一〈代表〉
振替口座〇〇一〇〇—五—二四四
http://www.yoshikawa-k.co.jp/
印刷＝株式会社 平文社
製本＝ナショナル製本協同組合
装幀＝清水良洋・陳湘婷

ISBN978-4-642-05866-7

歴史文化ライブラリー

1996. 10

刊行のことば

現今の日本および国際社会は、さまざまな面で大変動の時代を迎えておりますが、近づきつつある二十一世紀は人類史の到達点として、物質的な繁栄のみならず文化や自然・社会環境を謳歌できる平和な社会でなければなりません。しかしながら高度成長・技術革新にともなう急激な変貌は「自己本位な刹那主義」の風潮を生みだし、先人が築いてきた歴史や文化に学ぶ余裕もなく、いまだ明るい人類の将来が展望できていないようにも見えます。このような状況を踏まえ、よりよい二十一世紀社会を築くために、人類誕生から現在に至る「人類の遺産・教訓」としてのあらゆる分野の歴史と文化を「歴史文化ライブラリー」として刊行することといたしました。

小社は、安政四年（一八五七）の創業以来、一貫して歴史学を中心とした専門出版社として書籍を刊行しつづけてまいりました。その経験を生かし、学問成果にもとづいた本叢書を刊行し社会的要請に応えて行きたいと考えております。

現代は、マスメディアが発達した高度情報化社会といわれますが、私どもはあくまでも活字を主体とした出版こそ、ものの本質を考える基礎と信じ、本叢書をとおして社会に訴えてまいりたいと思います。これから生まれでる一冊一冊が、それぞれの読者を知的冒険の旅へと誘い、希望に満ちた人類の未来を構築する糧となれば幸いです。

吉川弘文館

歴史文化ライブラリー

近・現代史

江戸無血開城 本当の功労者は誰か？——岩下哲典
五稜郭の戦い 蝦夷地の終焉——菊池勇夫
幕末明治 横浜写真館物語——斎藤多喜夫
水戸学と明治維新——吉田俊純
大久保利通と明治維新——佐々木 克
旧幕臣の明治維新 沼津兵学校とその群像——樋口雄彦
刀の明治維新 「帯刀」は武士の特権か？——尾脇秀和
維新政府の密偵たち 御庭番と警察のあいだ——大日方純夫
京都に残った公家たち 華族の近代——刑部芳則
文明開化 失われた風俗——百瀬 響
西南戦争 戦争の大義と動員される民衆——猪飼隆明
大久保利通と東アジア 国家構想と外交戦略——勝田政治
明治の政治家と信仰 クリスチャン民権家の肖像——小川原正道
文明開化と差別——今西 一
大元帥と皇族軍人 明治編——小田部雄次
明治の皇室建築 国家が求めた〈和風〉像——小沢朝江
皇居の近現代史 開かれた皇室像の誕生——河西秀哉
明治神宮の出現——山口輝臣
神都物語 伊勢神宮の近現代史——ジョン・ブリーン
日清・日露戦争と写真報道 戦場を駆ける写真師たち——井上祐子
博覧会と明治の日本——國 雄行
公園の誕生——小野良平
啄木短歌に時代を読む——近藤典彦
鉄道忌避伝説の謎 汽車が来た町、来なかった町——青木栄一
軍隊を誘致せよ 陸海軍と都市形成——松下孝昭
家庭料理の近代——江原絢子
お米と食の近代史——大豆生田 稔
日本酒の近現代史 酒造地の誕生——鈴木芳行
失業と救済の近代史——加瀬和俊
近代日本の就職難物語 「高等遊民」になるけれど——町田祐一
選挙違反の歴史 ウラからみた日本の一〇〇年——季武嘉也
海外観光旅行の誕生——有山輝雄
関東大震災と戒厳令——松尾章一
激動昭和と浜口雄幸——川田 稔
昭和天皇とスポーツ 〈玉体〉の近代史——坂上康博
昭和天皇側近たちの戦争——茶谷誠一
大元帥と皇族軍人 大正・昭和編——小田部雄次
海軍将校たちの太平洋戦争——手嶋泰伸
植民地建築紀行 満洲・朝鮮・台湾を歩く——西澤泰彦
稲の大東亜共栄圏 帝国日本の〈緑の革命〉——藤原辰史
地図から消えた島々 幻の日本領と南洋探検家たち——長谷川亮一

歴史文化ライブラリー

日中戦争と汪兆銘《おうちょうめい》——小林英夫
自由主義は戦争を止められるのか 芦田均・清沢洌・石橋湛山——上田美和
モダン・ライフと戦争 スクリーンのなかの女性たち——宜野座菜央見
彫刻と戦争の近代——平瀬礼太
軍用機の誕生 日本軍の航空戦略と技術開発——水沢 光
首都防空網と〈空都〉多摩——鈴木芳行
帝都防衛 戦争・災害・テロ——土田宏成
陸軍登戸研究所と謀略戦 科学者たちの戦争——渡辺賢二
帝国日本の技術者たち——沢井 実
〈いのち〉をめぐる近代史 堕胎から人工妊娠中絶へ——岩田重則
強制された健康 日本ファシズム下の生命と身体——藤野 豊
戦争とハンセン病——藤野 豊
「自由の国」の報道統制 大戦下の日系ジャーナリズム——水野剛也
敵国人抑留 戦時下の外国民間人——小宮まゆみ
銃後の社会史 戦死者と遺族——一ノ瀬俊也
海外戦没者の戦後史 遺骨帰還と慰霊——浜井和史
学徒出陣 戦争と青春——蜷川壽惠
〈近代沖縄〉の知識人 島袋全発の軌跡——屋嘉比 収
沖縄戦 強制された「集団自決」——林 博史
陸軍中野学校と沖縄戦 知られざる少年兵「護郷隊」——川満 彰
沖縄からの本土爆撃 米軍出撃基地の誕生——林 博史
原爆ドーム 物産陳列館から広島平和記念碑へ——頴原澄子
戦後政治と自衛隊——佐道明広
米軍基地の歴史 世界ネットワークの形成と展開——林 博史
沖縄 占領下を生き抜く 軍用地・通貨・毒ガス——川平成雄
昭和天皇退位論のゆくえ——冨永 望
ふたつの憲法と日本人 戦前・戦後の憲法観——川口暁弘
団塊世代の同時代史——天沼 香
鯨を生きる 鯨人の個人史・鯨食の同時代史——赤嶺 淳
丸山真男の思想史学——板垣哲夫
文化財報道と新聞記者——中村俊介

各冊一七〇〇円～二〇〇〇円（いずれも税別）
▽残部僅少の書目も掲載してあります。品切の節はご容赦下さい。
▽品切書目の一部について、オンデマンド版の販売も開始しました。詳しくは出版図書目録、または小社ホームページをご覧下さい。